Los Testigos de Jehová odian a Jehová

Bruce Benson

Heart Wish Books

Los testigos de Jehová odian a Jehová

Publicado por Heart Wish Books
Cambridge, Massachusetts

heartwishbooks@gmail.com

Todas las citas bíblicas son paráfrasis del autor,
a menos de que esté marcado.

Las citas bíblicas marcadas (KJV) son de la versión King James en el
dominio público.

Traducido del inglés al español por Carolina Pérez Araneda
cpatranslation@gmail.com

ISBN: 9780999803929
Número de control de la Biblioteca del Congreso: 2021904211

Religión – Cristianismo – Apologética
Religión – Blasfemia, Herejía y Apostasía

Contenidos

Capítulo cuatro ... ¿Dijo Jesús que Él es Dios?

Capítulo cinco ... ¿Quién es el padre de los testigos de Jehová?

Capítulo seis ... El Hijo del hombre

Capítulo siete ...

¿Cómo Jesús y Jehová son uno?

"Jehová y yo somos uno"- Jesús, Juan 10:30

Capítulo ocho ...

Solo Jesús

Capítulo nueve ...

¿Es el Espíritu Santo una persona?

Capítulo diez ... Conclusión

Otros libros por Bruce Benson

Momentos AJÁ de la Biblia

La Biblia sobre el Aborto: El derramamiento de sangre inocente

Teología de la validación gay: Una exposición explícita

La Iglesia Católica: mujer fatal

Charla sobre la Biblia: 50 dibujos literales explicados

¡Prueba mi cuestionario bíblico!

Hablar en lenguas: Shamana bo-jo ro-to

José refleja a Jesús: Dadores de vida

Otros libros por el autor en inglés

Jehovah's Witnesses Hate Jehovah

AHA moments from the Bible

The Bible on Abortion: The shedding of innocent blood

Gay-affirming theology: An explicit exposé

The Catholic Church: femme fatale

Bible Talk: 50 literal drawings explained

Try my Bible Quiz

Speaking in tongues: Shamana bo-ho roe-toe

Joseph Reflects Jesus: Lifegivers

Esto es para ti, Karlos,
para aliviar tu dolor.
Sé lo que los testigos de Jehová
te han hecho.

Está seguro,
Dios los castigará.
Y Él estará a tu lado
el verdadero hombre de Dios.

Oro para que la Palabra de Dios
explicada en este libro
guíe a tu ser querido
hacia el verdadero Jesús de la Biblia
y a la salvación.

Capítulo Uno

Introducción

¿Por qué pelear con los testigos de Jehová?

Esto es lo que pasó:
Primero, estudié la Biblia por mi cuenta durante varios años. Luego hice un ministerio en la calle en Harvard Square, en Cambridge, Massachusetts, durante siete años, del 2009 al 2016, usando preguntas y folletos bíblicos caseros. Escribí un libro, Momentos AHA de la Biblia, sobre los encuentros que tuve en Harvard Square, las preguntas que las personas me hicieron y cómo las respondí.

Dejé Harvard Square e hice el mismo ministerio en una intersección en Boston llamada Downtown Crossing. Y todos los días en Downtown Crossing vi al menos dos grupos de testigos de Jehová con sus exhibiciones. Entonces, decidí indagar sus enseñanzas.

Es una batalla por las almas de las personas
Judas escribió que los cristianos deben contender fervientemente por la fe cristiana porque siempre hay impostores que se escabullen y fingen ser cristianos. Mucha gente no puede ver que están fingiendo porque se disfrazan. Judas dijo que pervierten la gracia de Dios y que niegan a nuestro Señor Jesucristo. (Judas 1:3-4)

En el griego original, las palabras que Judas usó <u>contender fervientemente</u> son solo una palabra. Es epagonizomai. Es de donde obtenemos la palabra inglesa agonize (luchar). Significa una ardua batalla. Los griegos la usaban para referirse a la competencia atlética y a la guerra en un <u>campo de batalla</u>.

Yo no busqué pelea con los testigos de Jehová. Ellos comenzaron esta pelea. Estoy luchando para defender la verdad y las almas de las personas. Los testigos de Jehová son <u>enemigos</u> de Jesucristo. Judas les está diciendo a los cristianos que debemos luchar fervientemente contra los enemigos de Jesucristo. Por eso escribí este libro.

¿Quieres un libro universitario pulido, escrito por un intelectual snob? No, por supuesto que no. Este libro proviene de la vida real, de mis experiencias en la calle. Esto fluye por mis venas. Y lo hago por amor.

¿Qué está mal con los testigos de Jehová?

Los mismos viejos enemigos de Jesús

Los testigos de Jehová tienen algunas cosas en común con los fariseos, los enemigos de Jesús cuando Él caminaba por la tierra.

Ambos niegan que Jesús sea Dios. Ambos rechazan el Espíritu Santo que habita en Dios. Y ambos sometieron a sus seguidores a reglas y regulaciones creadas por el hombre.

Me voy a centrar en una cosa, y es la enseñanza de los testigos de Jehová sobre quién es Jesús. Naturalmente, esto incluirá también quién es el Espíritu Santo.

Esto es lo que enseñan los testigos de Jehová:

• Enseñan que Jesús fue lo primero que Dios creó y que luego Jesús creó todo lo demás. Y enseñan que Jesús es el arcángel Miguel.

• Enseñan que el Espíritu Santo no es una persona.

¿Cómo sé que los testigos de Jehová enseñan estas cosas?

Puedes visitar el sitio web de los testigos de Jehová y comprobar por ti mismo que eso es lo que enseñan. Se llama JW.org.

¿Quién es el Jesús de los testigos de Jehová?

El Jesús de los testigos de Jehová es un fenómeno, un monstruo de Frankenstein. No existe tal animal. El Jesús de los testigos de Jehová camina y habla como si fuera Dios, <u>pero</u>, dicen, <u>no</u> es Dios.

O eres Dios o no lo eres

No existe un Dios al 75 por ciento junto con un Dios al 100 por ciento. No hay Dios y un semi-Dios. El Jesús de los testigos de Jehová es cero por ciento Dios, y eso hace que su Jesús sea un perdedor, una imitación barata.

> La idea de que Jesús no es Dios es tan maligna que solo podría provenir de la imaginación del diablo.

Los testigos de Jehová están construyendo sobre una mala base. La caída de su casa será grande.

(Lucas 6:47-49; 1 Corintios 3:9-11)

¿Cuál es el problema?

Una vez le dije a un hombre que los testigos de Jehová enseñan que Jesús no es Dios. Y él dijo: "¿Cuál es el problema?"

El gran problema es este: <u>Dios</u> es nuestro Salvador. Entonces, un Jesús que es menos del 100 por ciento Dios no puede salvar a nadie, lo que significa que no puede llevar a nadie al cielo, no puede dar vida eterna a nadie, no puede salvar a nadie de la ira y la venganza de Dios debido a nuestros <u>pecados</u>. Es un impostor enviado por el diablo para engañar a la gente. Es por eso que la idea de que Jesús no es Dios es la mentira más ofensiva, letal y más grande de todos los tiempos.

(Ver Romanos 1:18)

Decir que Jesús no es Dios es acabar con la fe cristiana.

<u>Pecamos</u> cuando rompemos las leyes de Dios que se encuentran en la Biblia: 1 Juan 3:4.

> "Yo, sí, yo soy Dios, y no hay otro salvador fuera de Mí".

- Dios, Isaías 43:11

¿Quieres ver la verdad?

> Una vez, durante mi ministerio en la calle, una mujer me dijo que había sido testigo de Jehová durante treinta y cinco años. Luego me preguntó: "¿Por qué cree que Jesús es Dios?" ¿Mi respuesta? "Por la misma razón que creo que hay peces en el océano".

El apóstol Juan escribió un relato de la vida de Jesús. Lo llamamos el Evangelio de Juan. Y al final de su Evangelio, Juan expresó:

"Hay muchas otras cosas que hizo Jesús, de las cuales, si se escribiera sobre cada una de ellas, creo que el mundo entero no sería lo suficientemente grande como para albergar todos los libros que se llenarían.

Y Jesús hizo muchas cosas que estaban fuera de este mundo, cosas que Sus discípulos lo vieron hacer, que no están escritas en este libro.

Pero estas cosas específicas <u>fueron escritas</u>. ¿Por qué? Para que cuando las leas puedas creer que Jesús es el Cristo, el Hijo de Dios. Y para que al creer en Él puedas tener la vida eterna".

Juan 20:30-31; 21:25

Te mostraré cómo estudiar la Biblia correctamente

Entonces podrás ver que cuando Juan dijo que Jesús es el Cristo, el Hijo de Dios, lo que Juan quiso decir es que Jesús es Dios. Y cuando Juan dijo que puedes tener vida eterna al creer en Jesús, quiso decir que Jesús es Dios el Salvador.

Y creo que el mundo entero no podría contener todos los libros que se podrían escribir para probar con la Biblia que Jesús es Dios. Pero en este pequeño libro te lo demostraré de sobra, para que veas que Jesús es Dios tan fácilmente como puedes ver que hay peces en el océano. Y será más que suficiente para que veas que Jesús es tu Salvador.

"Pide y te será dado, busca y encontrarás,
llama, y se te abrirá".

- Jesús, Mateo 7:7

¿Quién es nuestra Guía?

Los testigos de Jehová son inteligentes. Se hacen pasar por cristianos normales. Quizás te digan que creen que Jesús es Dios. Pero cuando dicen "Dios", lo que quieren decir es "dios". O podrían decirte que creen que Jesús es el Hijo de Dios. Pero recuerda, enseñan que Dios creó a Jesús. Ese no es el Hijo de Dios de la Biblia. El Hijo de Dios de la Biblia es Dios.

Tratarán de confundirte mostrándote pasajes de la Biblia que podrían hacerte pensar que Jesús no es Dios. Esto es cuando muestras un solo lado de la evidencia para engañar a alguien.
A eso se le llama mentir.

Pero te voy a presentar a alguien. Si lo permites, será tu Guía. Cuando empieces a preocuparte o confundirte, entonces puedes mirar a la Guía y esta te mantendrá en el camino correcto.

> Tu Guía es el conocimiento de que Jesús es Dios. Ese conocimiento se encuentra una y otra vez en toda la Biblia. Ese conocimiento será nuestro Fundamento, nuestra Guía, nuestra Luz, nuestra Roca y nuestra Fortaleza.

Te mostraré la Guía a medida que avancemos. Aquí hay una para comenzar:

> "Toda la plenitud de la Deidad habitó
> en el cuerpo humano de carne que usaba Jesús".
> Colosenses 2:9

La palabra Deidad significa Dios. Este versículo dice que Dios vino y caminó entre nosotros en un cuerpo humano. Este versículo dice claramente que Jesucristo es 100 por ciento Dios. Esa es nuestra Guía.

Y nuestra Guía estará ahí para nosotros, para consolarnos, una y otra vez.

> "Lámpara es a mis pies tu palabra, y lumbrera a mi camino".
> Salmo 119:105

¿Qué significa el título de este libro?

"Jehová" es la palabra que los "testigos de Jehová" usan para el nombre sagrado de Dios que se encuentra en el hebreo original de Éxodo 3:14. Entonces, para dejar mi punto más claro, en algunos versículos de la Biblia donde aparecen las palabras "Dios", "Señor" o "el Padre", usaré la palabra "Jehová" en su lugar.

Cuando digo "los testigos de Jehová odian a Jehová", es como decir, "los empleados de Bob odian a Bob".

Jehová dijo esto:
> "Ustedes son mis testigos, y mis siervos escogidos,
> para que me conozcan y crean en mí, y entiendan
> que Yo soy el que es.
>
> No existe tal cosa como un dios
> creado antes o después de Mí.
>
> Yo soy Jehová, y no hay otro salvador fuera de Mí".

- Jehová, Isaías 43:10-11

Los testigos de Jehová afirman que son los testigos de Jehová hablado en este pasaje. Pero eso es mentira, porque los testigos de Jehová odian a Jehová.

¿Por qué digo que los testigos de Jehová odian a Jehová?

Lo digo porque Jesús lo dijo:

> "El que me odia a mí, también odia a Jehová".
> - Jesús, Juan 15:23

Durante muchos años, los testigos de Jehová han estado persiguiendo a Jesús como perros persiguiendo a un conejo. Muestran su odio por Jesús diciendo mentiras acerca de Él, diciendo que Jesús fue lo primero que creó Jehová. Menosprecian a Jesús y arrastran su buen nombre por el barro cuando lo llaman "un dios".

Los testigos de Jehová insultan a Jesús y rebajan su reputación cuando dicen que Jesús es el arcángel Miguel.

Son como los soldados romanos que se burlaban de Jesús, lo golpeaban, lo escupían en la cara y le quitaban la ropa. Los testigos de Jehová despojan a Jesús de su posición como Dios.

(Mateo 26:67; 27:27-31)

Y Jesús dijo que el que lo odia, también odia a Jehová. Por eso el título de este libro es: "Los testigos de Jehová odian a Jehová".

Supongo que es ironía o sarcasmo.

¿Hacia dónde nos dirigimos a partir de ahora?

Si no eres cristiano pero estás buscando, lee este libro y utilízalo para comenzar tu propio viaje de estudio bíblico.

¿Verás la verdad? Eso es entre tú y Dios. Es algo que sucederá en el lugar tranquilo de tu mente. Si no sucede de inmediato, ten paciencia, no te rindas.

> Un día podrías estar caminando por la calle o estar en el trabajo o hablando con alguien, y Dios podría abrir tu corazón y tu mente y darte la verdad acerca de Jesús, tal como lo hizo con Lydia.
>
> (Ver Hechos 16:14-15)

Al final de los Momentos AHA de la Biblia, estaba trabajando en un segundo libro, sobre el engaño. Pero debido a la urgente necesidad, decidí hacer esta parte de ese libro primero, por separado.

Escribí, edité y diseñé este libro por mí mismo durante el invierno del 2019 al 2020. Soy una persona común, no un escritor profesional ni un teólogo profesional. Este es un libro hecho en casa, autoeditado, para aquellos que aman la verdad.

Este libro podría haber sido más grande, pero lo hice más pequeño a propósito. Esto hará que sea más probable que la gente quiera leerlo. Podría haber dado más ejemplos en cada sección, pero di suficientes.

Tienes que hacer tu parte

No te dejes llevar por lo que digo. Tienes que hacer tu propio estudio con entusiasmo para mostrarle a Dios que estás buscando la verdad con sinceridad. Al leer mi libro, deberías tener una Biblia abierta a tu lado. Te proporciono muchos versículos de la Biblia que puedes buscar, leer y estudiar por tu cuenta.

Si no sabes cómo estudiar la Biblia o si no sabes dónde están los libros de la Biblia, este libro puede ayudarte a comenzar. Quizás algún día tú también seas un defensor de la fe.

Y si ya eres un defensor de la fe, espero que mi libro te sirva de ayuda.

Quiero tus comentarios

Dije en la contraportada que te mostraría pistas que Dios puso en la Biblia que prueban que Jesús es 100 por ciento Dios, y que no puedes ir al Cielo si crees en un Jesús que es algo menos que 100 por ciento Dios.

Estoy seguro de que te he dado pistas de las que no estoy consciente. Quizás las veas. Déjame saber lo que encuentras. Si como resultado de leer este libro lo único que te sucede es que quieres abrir tu Biblia, entonces ha hecho su trabajo.

Lo mejor que puedes hacer por mí es darme algo que pueda usar. Dime con qué estás de acuerdo o con qué no lo estás.

Bruce Benson   heartwishbooks@gmail.com

Capítulo dos
¿Eres un erudito griego?

¿Cómo los testigos de Jehová pueden negar a Juan 1:1?

Esto es lo que el apóstol Juan escribió:

"El Verbo era Dios".   Juan 1: 1

Jesús es la Palabra. Y aquí está nuestra Guía nuevamente. Nuestra Guía es la declaración clara en la Biblia de que Jesús siempre fue Dios y siempre será Dios. Incluso los testigos de Jehová no podían negar que Juan 1:1 declara claramente que Jesús es Dios. Tuvieron un problema. Lo resolvieron escribiendo su propia Biblia. Y en su Biblia, Juan 1:1 dice "el Verbo era un dios", en lugar de "el Verbo era Dios".

¿Cómo pudieron llamar a Jesús "un dios"?

¿Estás listo? En la versión griega original de las palabras "el Verbo era Dios", la palabra "el" no aparece antes de la palabra "Dios", por tanto, los testigos de Jehová concluyen que en lugar de decir "Dios", debería decir, "un dios", y por lo tanto Jesús no es "Dios", sino "un dios". ¿Te duele la cabeza ahora? La mía también. Pero no te preocupes, voy a mejorar todo en un minuto.

¿Entendiste eso? ¿Un poco sobre la palabra griega para "el" que no está antes de la palabra "Dios"? No, por supuesto que no, no si eres como yo y no sabes nada sobre las reglas para construir oraciones en griego.

Puedes encontrar a algún "erudito griego" que esté de acuerdo con los testigos de Jehová en que este pasaje debe traducirse como "el verbo era un dios". Puede que estén al acecho en algún rincón oscuro en alguna parte. Pero no encontrarás un erudito griego creíble o una traducción de la Biblia que esté de acuerdo con los testigos de Jehová.

No te aburriré al incluir una lección de gramática griega o la larga lista de eruditos griegos que dicen que la falta de la palabra "el" no cambia el hecho de que la traducción correcta es "el Verbo era Dios". Puedes buscarlo en Google si quieres. Gracias por no quedarte dormido. Ahora voy a recompensarte por tu paciencia con una maravillosa verdad.

¿Podemos entender la Biblia?

Quizás estés pensando, ¿qué esperanza tenemos de entender la Biblia, aquellos de nosotros que no somos eruditos griegos? Mi querido lector, no creerás que nuestro amoroso Padre Celestial nos daría una Biblia que solo los eruditos griegos podrían entender, ¿verdad? Aquí está la maravillosa verdad que prometí que haría todo mejor:

El apóstol Pedro no tenía un título en griego de una escuela bíblica. Pero Pedro sabía la verdad.

Un día, Jesús dijo a sus apóstoles:

"Tengo una pregunta para ustedes: ¿Quién soy yo?" Mateo 16:15

El apóstol Pedro habló y dijo:

"Tú eres el Cristo, el Hijo del Dios viviente". Mateo 16:16

Ahora, tal vez Jesús dijo: "¡Pedro! ¡Cállate la boca! No tienes derecho a decir tal cosa. ¡Eres un pescador sin educación, no un erudito griego!"
(Ver Hechos 4:13)

No, Jesús no dijo eso. Jesús dijo esto:

"Alégrate Pedro, porque ningún hombre te dijo quién soy. Fue mi Padre, Dios del Cielo, quien te hizo saber quién soy".
Mateo 16:17

Jesús dijo que Pedro no estaba simplemente repitiendo lo que le había dicho un hombre como lo hacen las personas en las sectas. Jesús dijo que Dios le dio a Pedro ese conocimiento sobre quién es Jesús.
(Ver Lucas 10:21)

Si Dios te da la verdad, entonces sabrás más que los eruditos griegos apilados a una milla de altura. Estudia tu Biblia y pídele a Dios que te enseñe como le enseñó a Pedro. El mejor erudito griego del mundo no sabrá la verdad si Dios no le da la verdad. Nunca dejes que nadie te diga que no puedes entender la Biblia porque no eres un erudito griego.

¿Qué pasos debo tomar?

Hay pasos que una persona debe seguir para comprender un pasaje de la Biblia. Aquí están tres de ellos:

Primero, estudia el significado de las palabras en los idiomas en que fueron escritas, hebreo y griego. ¿De verdad? Sí. Consigue el libro Concordancia Strong. Luego busca libros que te muestren lo que significan las palabras en español en los idiomas en que fueron escritas originalmente, el hebreo y el griego. ¡Gracias a Dios por los eruditos hebreos y griegos!

Segundo, estudia el contexto en el que se escribió el pasaje. ¿Qué se dijo antes y después del pasaje? ¿Quién estaba hablando y con quién estaba hablando? ¿Qué significa para la persona con la que se habló y qué significa para nosotros? ¿Qué significa el pasaje en el contexto de la Biblia como un todo?

Tercero, ¿qué te dice tu entendimiento dado por Dios que significa el pasaje?

> Para entender lo que significa un pasaje de la Biblia, siempre debes dejar que el contexto triunfe sobre el significado de las palabras. El significado de algunas palabras cambia según el contexto en el que se usan. Y el entendimiento dado por Dios es el rey.

Estos tres pasos son para aquellos que estudian diligentemente su Biblia y a quienes se les ha dado el Espíritu Santo de Dios. Los testigos de Jehová pueden estar estudiando diligentemente la Biblia, pero están perdidos, nunca verán la verdad. ¿Por qué? Porque dicen que el Espíritu Santo no es una persona.

> Dios nos escribió un libro, la Biblia. Usó palabras. Pero las palabras por sí solas no nos revelarán las verdades que Dios nos está diciendo. Tenemos que ir más profundo que las palabras. La única forma en que veremos las verdades más profundas en las palabras es cuando Dios nos las revele por Su Espíritu Santo.

Capítulo tres

Quiero empezar con estos:

¿Por qué Jesús es llamado el Hijo de Dios?

Un padre envía a su hijo a la guerra para preservar la paz y la seguridad en Estados Unidos. Pero el hijo nunca regresa, muere en batalla. Se apodera de tu corazón, sollozas incontrolablemente. Es insoportable. Pero padre e hijo lo hicieron por amor. Amor a la patria, amor a la familia y conciudadanos, y amor a Dios. ¿Por qué? Porque la libertad no sucede por casualidad. La libertad es costosa. Debido al sacrificio hecho por millones, todavía somos libres en Estados Unidos para adorar a Dios.

Lo que acabo de describir es algo que podemos entender. Y eso es lo que Dios está tratando de hacernos entender acerca de por qué Jesús es llamado el Hijo de Dios.

El Hijo de Dios murió para liberar a las personas del pecado, de la muerte y del diablo. (Hebreos 2:14-15)

"Dios no escatimó ni a su propio Hijo, sino que lo entregó por todos nosotros". Romanos 8:32

La definición de pecado es el quebrantamiento de las leyes de Dios que se encuentran en la Biblia. Romper las leyes de Dios trae miseria y muerte. Dios nos mostró cuán grave es el pecado y cuánto nos ama, al pintar un cuadro de un padre que pierde a su hijo. Y Dios nos mostró cuán grave es el pecado al decirnos en la Biblia lo que Jesús pasó para pagar por nuestros pecados. (Mateo 27:27-31; 1 Juan 3:4)

Este es el versículo más famoso de la Biblia:

"Dios ama tanto a todas las personas del mundo, que dio la vida de su único Hijo, Jesús, para que todo el que crea en Jesús no perezca, sino que tenga vida eterna". Juan 3:16

Para ayudarnos a entender Juan 3:16, Dios nos dio Génesis 22:1-19, escrito casi dos mil años antes de que se escribiera Juan 3:16.

"Gracias a Dios por el regalo que nos dio, un regalo que no puede ser completamente explicado en palabras". 2 Corintios 9:15

¿Por qué Jesús se sienta a la diestra de Dios?

¿Se te viene a la mente la imagen de un anciano de barba blanca sentado junto a un joven? Te voy a mostrar por qué eso está todo está mal.

• En Mateo 26:64, Jesús dijo que el Hijo del hombre se sentará a la diestra de Dios.

La palabra a fue traducida al español de la palabra griega ek. Es la N°1537 en el diccionario griego de Strong. Ek significa fuera de.

Jesús dijo esto:
"El Padre siente cariño por ustedes porque me aman,
y creen la verdad, que salí de Dios".   Juan 16:27

Y en la Biblia, la expresión "mano derecha" se usa simbólicamente para referirse al poder, las acciones y la creatividad de una persona.
(Números 9:23)

• Hebreos 1:3 dice que cuando Jesús terminó su misión como el humilde Hijo del hombre, Dios lo elevó al lugar más alto: se sentó a la diestra de Dios, de regreso al lugar de donde salió.
(Ver Juan 17:5)

En Hebreos 1:3, la palabra a fue traducida al español de la palabra griega en. En este verso, en significa la energía dentro de una persona que sale al mundo y hace cosas. En es la N°1722 en el diccionario de Strong.

Dios usó una expresión que podemos entender, "sentado a la diestra de alguien". Nadie excepto Jesús "se sienta a la diestra de Dios". Demuestra que Jesús es Dios mismo que salió de Dios y vivió entre nosotros. Jesús no es una segunda persona sentada junto a Jehová.

Dios es Espíritu. Dios no puede venir a la tierra como es. Entonces, Dios sale de sí mismo y viene a la tierra en la forma que Él quiera. Jesús es Jehová que se sale de sí mismo para hacer lo que Él quiera.
(Juan 4:24)

¿Por qué dice la Biblia que Jesús estaba <u>con Dios</u>?

El apóstol Juan escribió:

"Jesús estaba en el principio con Dios".   Juan 1:2

Un pasaje en el Libro de Proverbios es la clave para comprender lo que significa que Jesús está <u>con Dios</u>. ¡La Biblia se interpreta a sí misma!

En Proverbios encontramos a alguien que nos dice que también estaba con Dios al principio. Su nombre es Sabiduría. Ella nos dice que estaba al lado de Dios cuando Él creó todo. Ella también existía al principio. Y fue por ella que Dios formó la tierra.
                    (Proverbios 3:13,18-19; 8:1-3; 22-30; ver Salmo 33:6; Juan 1:3)

La sabiduría es una mujer. ¿Significa eso que Dios es una mujer? No. Jesús una vez se comparó a sí mismo con una gallina, pero Jesús <u>no</u> es una gallina.
                    (Mateo 23:37; ver Éxodo 19:4; Salmo 17:8)

Si la Sabiduría estaba <u>con</u> Dios al principio, ¿quién es la Sabiduría? ¿Es una segunda persona? ¿Otro Dios? ¿Un Dios? No, ella no es nada de eso. Los escritores a veces hacen que una cosa hable como si fuera una persona. Lo hacen para que su escritura cobre vida, para que sea más agradable de leer y más fácil de entender.

<u>La sabiduría es una cosa.</u> En Proverbios, una cosa, la sabiduría, nos habla como si fuera una persona. Esa es la sabiduría de Dios. Dios le dio un nombre, Sabiduría, la llamó "ella" e hizo que nos hablara. Entonces, cuando dice que estaba "con Dios", no era una segunda persona. Ella era y es la sabiduría de Dios. Entonces, ella <u>es</u> Dios, 100% Dios. Simple, ¿verdad?

<u>Las palabras son una cosa.</u> Dios habló de sus palabras como si las palabras fueran una persona. Pero Dios superó lo que hizo en Proverbios con su sabiduría. Las palabras de Dios realmente se convirtieron en una persona, con carne, sangre y huesos. Entonces, cuando Juan dice que Jesús estaba <u>con Dios,</u> no quiere decir que Jesús era una segunda persona. Jesús es la palabra de Dios. Jesús es Dios, 100% Dios.

"Y aquel Verbo fue hecho carne."   Juan 1:14 (KJV)

Capítulo cuatro

¿Dijo Jesús que Él es Dios?

¿Alguien te ha dicho alguna vez que Jesús nunca dijo que era Dios? Están equivocados. Por supuesto que Jesús dijo que Él era Dios. Por eso la gente quería matar a Jesús — porque dijo que era Dios. Por eso Jesús fue sentenciado a muerte — porque dijo que era Dios. Por eso golpearon a Jesús, lo escupieron en la cara y lo clavaron en una cruz para que muriera — porque Él dijo que era Dios. Te mostraré.

¿Qué es igual a Dios?

En Juan 5:17, Jesús dijo:

"Mi Padre trabaja constantemente, y yo también trabajo". – Jesús

¿Qué pasó cuando Jesús dijo eso?

Cuando el pueblo escuchó a Jesús decir eso, querían matarlo. Sabían lo que Él quería decir. Su ley decía que cualquiera que dijera lo que Jesús había dicho debía ser sentenciado a muerte.

(Juan 5:18; Ver Deuteronomio 13:1-11)

Si un ser humano tiene un hijo, entonces ese hijo es 100 por ciento humano, ¿verdad? Bueno, si Dios tiene un Hijo, entonces ese Hijo es 100 por ciento Dios. Eso es lo que Jesús quiso decir cuando expresó: "Mi Padre trabaja constantemente y yo trabajo". Estaba diciendo que Dios era su propio Padre. Jesús se estaba igualando a Dios. Estaba diciendo que Él es 100% Dios.

¿Qué pasa si no entiendes lo que dijo Jesús?

Incluso si no puedes entender lo que Jesús quiso decir en Juan 5:17, puedes ver que lo que estoy diciendo es verdad. ¿Cómo? Bueno, las personas querían matar a Jesús porque se igualó a Dios al llamarlo su propio Padre. Jesús sabía eso, aunque ellos no lo dijeran. Jesús sabe lo que las personas piensan.

¿Se disculpó Jesús? ¿Dijo que lo malentendieron? No, no lo hizo. Entonces, sí, Jesús dijo que Él es Dios.

¿Por qué dice "los judíos"?

Puede que hayas notado que cambié Juan 5:18. Dice que "los judíos" querían matar a Jesús, pero lo cambié por "el pueblo" quería matar a Jesús. Hice eso porque personas malvadas han difundido la mentira de que "los judíos mataron a Jesús". Dios los llamó "el pueblo" en Mateo 27:25.

Entonces, ¿quiénes son los "judíos" en Juan 5:18? Jesús nos lo dijo en Apocalipsis 2:9 y 3:9. Son gente malvada que se hace pasar por judíos. Al igual que hay personas malvadas que fingen ser cristianas.

Ningún judío genuino habría asesinado a Jesús.

¿Quién se llamó a sí mismo "Yo soy"?

Una vez, Jesús les dijo a sus apóstoles que se subieran a un bote y cruzaran el mar hasta un pueblo llamado Betsaida. Jesús no fue con ellos. En cambio, Él se dirigió a una montaña para poder orar.

En algún momento entre las 3 y las 6 de la mañana, los apóstoles luchaban por remar en el bote contra los fuertes vientos. Al mismo tiempo, Jesús caminaba sobre el mar y había caminado justo por su lado. Los apóstoles no sabían que era Jesús. Pensaron que era un fantasma. Pero estaban tan asustados que pidieron ayuda de todos modos.

Cuando Jesús escuchó su clamor, les dijo: "No se preocupen, Yo Soy. No tengan miedo". Y Pedro dijo: "Si tú eres, yo soy, entonces mándame que camine hacia ti sobre el agua". Entonces, Pedro salió del bote y caminó sobre el agua. Pero cuando apartó los ojos de Jesús y recordó el viento, comenzó a hundirse.

Jesús extendió su mano y agarró a Pedro. Entonces ambos subieron a la barca y el viento se detuvo. Los apóstoles estaban demasiado asombrados por lo que acababa de suceder. Ellos adoraron a Jesús y le dijeron: "Verdaderamente eres el Hijo de Dios".

(Ver Mateo 14: 22-33; Marcos 6: 45-54)

En mi Biblia, Jesús dice: "Soy Yo", no "Yo soy"
Por eso necesitamos libros de estudio bíblico. Hay una llamada Biblia Interlineal. Te muestra la Biblia en inglés, junto con el hebreo y el griego originales. De esa manera, puedes ver una oración completa en los idiomas originales.

Mira Mateo 14:27 o Marcos 6:50, donde se informa que Jesús dijo: "Soy Yo". En una Biblia Interlineal, verás que lo que Jesús dijo es "Ego eimi". ¿Qué es eso? Esas son las palabras "yo soy" en griego.

Jesús consoló a los apóstoles diciendo: "No se preocupen, Yo Soy". Cuando Moisés le preguntó a Jehová: "¿Cómo te llamas?" Jehová dijo: "Mi nombre es Yo Soy". (Ver Éxodo 3:14)

Los enemigos de Jesús sabían lo que Él quería decir

Jesús se refirió a sí mismo como "Yo soy" muchas veces. La gente estaba familiarizada con Éxodo 3:14 y sabían exactamente lo que Jesús quería decir.

Una vez, Jesús dijo esto a las personas

> "En verdad, verdad les digo: Antes que Abraham fuese, Yo soy".
> - Jesús, Juan 8:58

Cuando la gente escuchó a Jesús decir esto, tomaron piedras para apedrearlo hasta la muerte. Pero Jesús se ocultó, caminó a través de ellos y siguió su camino. (Ver Deuteronomio 13:1-11)

Cuando Jesús decía "Yo soy", la gente sabía que estaba diciendo que Él era Dios. Y eso era un delito de pena de muerte. Jesús lo sabía. Pero, pudo decir que Él era "Yo soy" porque es verdad. Jesús dijo la verdad, pero lo mataron.

El poder de Dios

Más tarde, algunos hombres malvados vinieron a arrestar a Jesús bajo cargos falsos. Jesús les preguntó: "¿A quién buscan?" Respondieron: "Estamos buscando a Jesús de Nazaret". Y Jesús dijo: "Yo soy". Tan pronto como Jesús pronunció "Yo soy", todos esos hombres malvados cayeron de espaldas al suelo.

(Juan 18:3-6)

Y Jesús dijo esto:

> "Si no crees que Yo soy, entonces morirás en tus pecados".
> - Jesús, Juan 8:24

Los testigos de Jehová no creen que Jesús es Yo soy.

¿Quién es el Hijo del Bendito?

En el capítulo 14 de Marcos, comenzando en el versículo 53, leemos que después de que Jesús fue arrestado bajo cargos falsos por las supuestas autoridades religiosas, fue llevado ante el sumo sacerdote de estas.

El sumo sacerdote le preguntó a Jesús:
"¿Eres tú el Cristo, el Hijo del Bendito?"   San Marcos 14:61

Y Jesús respondió:
"Yo soy, y verán al Hijo del Hombre sentado a la diestra del Poder. Y volveré aquí con los ejércitos del cielo".
- Jesús, Marcos 14:62

Cuando el sumo sacerdote le preguntó a Jesús si era "el Hijo del Bendito", se refería a "el Hijo de Dios". Y cuando Jesús respondió que estaría sentado "a la diestra del Poder", se refería a la diestra de Dios.
(Ver Salmo 110:1)

Jesús declaró que era Dios cuando dijo que era el Cristo, el Hijo del Bendito, y cuando dijo que estaría sentado a la diestra de Dios, y cuando dijo que volvería como Juez.   (Ver Daniel 7:13-14)

Y hay otra forma en que Jesús dijo que era Dios. Cuando el sumo sacerdote le preguntó si era el Hijo del Bendito, Jesús respondió: "Yo soy" (Ego eimi en griego). Dios le dijo a Moisés: "Dile a los hijos de Israel que Yo soy te ha enviado".   (Éxodo 3:14)

> Sí, Jesús estaba diciendo que Él es Yo soy. Sí, Jesús dijo que era el propio Hijo de Dios. Sí, Jesús dijo que Él es Dios. Entonces, acusaron a Jesús de hablar mal contra Dios y lo sentenciaron a muerte. Pensaron que estaban obedeciendo a Levítico 24:16. Pero estaban equivocados porque Jesús es Dios.
>
> (Marcos 14:64)

"Tenemos una ley, y según la ley Él tiene que morir, porque se hizo a sí mismo el propio Hijo de Dios". Juan 19:7   (Ver Levítico 24:16)

¿Quién es más grande que el templo?

Un día, Jesús y Sus discípulos caminaban por los campos de maíz. Sus discípulos tenían hambre, así que empezaron a recoger y comer el maíz. (Mateo 12:1)

Eso era perfectamente legal según la ley de Israel. Una persona hambrienta podía recoger y comer maíz en el campo de maíz de un extraño siempre que no llevara maíz fuera del campo.
(Ver Deuteronomio 23:25)

Los fariseos volvieron a hacerle pasar un mal rato a Jesús
Los fariseos no se quejaban de que los discípulos comieran maíz. Acusaron a los discípulos de desobedecer la ley que decía que nadie podía hacer ningún <u>trabajo</u> en el día de reposo, en el sabbat, el día que Dios ordenó que se apartara como día de descanso. Los fariseos afirmaban que el acto de recoger y desgranar el maíz era un trabajo que no estaba permitido en el día de reposo.
(Mateo 12:2; Ver Éxodo 20:8-11)

Jesús les dijo a los fariseos que cuando vieron a sus discípulos comer legítimamente el maíz, deberían haberles mostrado misericordia y no condenar a los inocentes. (Mateo 12:7; vea Oseas 6:6)

Jesús les recordó a los fariseos que los sacerdotes en el templo de Dios tienen que trabajar el sabbat para poder servir a Dios. Y que cuando David se moría de hambre, fue al templo y comió pan sagrado que se suponía que solo debían comer los sacerdotes.
Ver Levítico 24:5-9; 1 Samuel 21:1-6)
.   (Mateo 12:3-5)

Y Jesús les dijo esto a los fariseos:
"Hay alguien aquí que es más grande que el templo".
- Jesús, Mateo 12:6

El templo era el lugar donde los hijos de Israel adoraban a Dios. Y aquí está Jesús diciendo que Él es más grande que el templo.

Entonces Jesús agregó:
"El Hijo del Hombre es Señor del día de reposo".
- Jesús, Mateo 12:8

De esta forma, los fariseos le tendieron una trampa

Cuando los fariseos escucharon a Jesús decir eso, tuvieron una idea. Querían hacerlo quedar mal para que las personas no los dejaran y lo siguieran a Él. Entonces le llevaron un hombre a Jesús. El hombre había perdido el uso de su mano.

Le preguntaron a Jesús: "Según la ley de Israel, ¿es lícito sanar a una persona en el sabbat?" Tenían la esperanza de que si Jesús respondía "Sí", entonces podrían acusarlo de ir en contra de la ley y entonces sería condenado por la gente.

Pero Jesús les preguntó si había alguno entre ellos que, si tuvieran una sola oveja y la oveja se cayera en un hoyo en el día de reposo, dejaría la oveja en el hoyo y no la sacaría.

Jesús también preguntó, ¿cuánto más valiosa es una persona que una oveja? Y concluyó que, por tanto, es lícito hacer una buena obra en el día de reposo. Entonces Jesús sanó la mano del hombre.

Eso fue todo para los fariseos. Se fueron y tuvieron una reunión para planear cómo destruir a Jesús. (Mateo 12:9-14)

Solo alguien que sea Dios mismo podría decir que es más grande que el templo y que es el Señor del día de reposo. Cuando Jesús expresó esas palabras, claramente estaba diciendo que Él es el Dios del Antiguo Testamento, que Él es Jehová.

¿Quién es el Rey de los judíos?

Jesús fue declarado culpable de muerte por el sumo sacerdote. Pero solo el gobierno romano podía llevar a cabo una ejecución legal. Entonces fue llevado ante el gobernador romano Poncio Pilato. Jesús sabía que Pilato tenía la autoridad para sentenciarlo a muerte.
(Marcos 14:63-64; Juan 18:31)

En 1 Timoteo 6:13, el apóstol Pablo animó a Timoteo recordándole que Jesús testificó honestamente y estuvo de acuerdo con lo que dijo Pilato.

Pablo estaba hablando de lo que sucedió en Mateo, capítulo 27, comenzando en el versículo 11. Pilato le preguntó a Jesús: "¿Eres tú el Rey de los judíos?" La versión King James dice que Jesús respondió: "Tú lo dices". Es una expresión, como cuando alguien dice: "Tienes razón". Significa que Jesús respondió a la pregunta de Pilato diciendo "Sí".

Jesús sabía que responder "Sí" le costaría la vida. Puedes leer el testimonio de Juan sobre este incidente y estar seguro de que Jesús respondió "Sí" (ver Juan 18:37).

¿Quién es el Rey de los judíos? Dios es.

"Jehová es nuestro Juez, Jehová es nuestro Legislador, Jehová es nuestro Rey: Él nos salvará". Isaías 33:22

Cuando Jesús se llamó a sí mismo el Rey, ¿las personas dijeron: "Todos saluden al Rey"? No, gritaron: "¡Crucifícalo!" ¿Por qué? Porque entendieron que cuando Jesús dijo que Él era el Rey de los judíos, estaba diciendo que Él es Dios. (Mateo 27:21-31)

Cuando Jesús dijo a las personas que Él es Dios, no les estaba diciendo que adoraran a un falso dios. Jesús dijo la verdad cuando manifestó que Él es Dios. Pero la gente lo mató de todos modos, pensando que obedecían a Deuteronomio 13:1-11, aunque estaban equivocados, porque Jesús es Dios.

¿Quién es el Hijo del Rey?

En Israel había un impuesto que todo el mundo tenía que pagar para mantener el templo. Algunos funcionarios vinieron del templo para preguntarle a Pedro si Jesús había estado pagando ese impuesto. Pedro respondió "Sí". (Mateo 17:24-25)

Jesús se estaba quedando en la casa de Pedro y cuando este llegó a casa, Jesús le hizo una pregunta: "Dime lo que piensas Pedro: ¿De quién cobran impuestos los reyes de la tierra? ¿Los toman de sus propios hijos o de los hijos de otras familias?" Pedro respondió: "Toman impuestos de los hijos de otras familias". (Mateo 17:26)

Y Jesús dijo: "Entonces los hijos del rey quedan libres de impuestos. No obstante, aunque eso sea cierto, no queremos ofenderlos. Así que haz esto: Ve al mar y lanza un anzuelo. Toma el primer pez que pesques y abre su boca. Encontrarás allí una moneda. Tómala y dásela a los funcionarios del templo. Será suficiente para pagar el impuesto por Mí y también por ti". (Mateo 17:26-27)

Entonces, ¿a dónde voy con esto? Primero, ¿cómo llamó Jesús al templo? En Juan 2:16, lo llamó "la casa de mi Padre". Y Jesús le dijo a Pedro que los hijos del rey terrenal son libres, que el rey no les cobra impuestos.

> Jesús usó ese ejemplo sobre los reyes humanos para enseñarle a Pedro que Jesús es el Hijo de Dios, el Rey. Solo Jesús es el Hijo de Dios, el Rey de esa manera.

Entonces, ¿por qué Jesús también pagó el impuesto por Pedro? Jesús no pagó por ninguno de los otros apóstoles. ¿Por qué solo por Pedro? Bueno, cuando te quedas en casa de alguien es justo hacer algo para ayudarlo.

¿Notaste algo en los dos últimos ejemplos que acabo de dar? Jesús es tanto el Rey como el Hijo del Rey.

Jesús es llamado "Rey" en el Salmo 2:6, e "Hijo" en el Salmo 2:7. Compara Isaías 9:6 con Lucas 2:11. Lee la historia que Jesús contó en Mateo 22:1-15.

¿En quién crees?

La noche antes de que Jesús fuera crucificado, se reunió con sus apóstoles en lo que se conoce como "La Última Cena", y allí les dijo:

"No teman. Crean en Dios y crean en mí".

Jesús, Juan 14:1

Aquí está la segunda oración en el griego original:

[4100	1519]	2316	2532	[4100	1519]	1691
[crean	en]	Dios	y	[crean	en]	mí

Jesús usó exactamente las mismas palabras para sí mismo que para Jehová. Jesús no solo está diciendo crean que lo que Dios dice es verdad y crean que lo que yo digo es verdad. Una persona común o un ángel podrían decir eso.

¿Sabes cómo las personas dicen que "creen en" Dios? No solo significa que creen que Dios existe. Significa que ponen toda su confianza en Dios. Jesús les dijo a los apóstoles que "creer en" Él es lo mismo que "creer en" Dios.

Los testigos de Jehová no están obedeciendo ese mandato de Jesús de creer en Él de la misma manera que creen en Dios. Por lo tanto, los testigos de Jehová no creen en Dios. No crees en Dios si no crees en Jesús.

¿Quiso decir Jesús que hay dos dioses? No. Jesús les dijo a los apóstoles: No teman. El Dios en el que creen está aquí con ustedes. Les estoy hablando ahora mismo. Soy real. Soy una persona. Y los amo.

Jesús les dijo a los apóstoles: "No teman. Crean en Dios y crean en mí". Si crees en Dios, pero no crees en Jesús, entonces las palabras "No temas" no se aplican a ti. Si quieres la paz que solo Dios puede darte, entonces tienes que creer en Jesús de la misma manera que crees en Dios.   (Juan 14:27)

Capítulo cinco

¿Quién es el padre de los testigos de Jehová?

¿Quién es el padre de los testigos de Jehová?

Jesús nos dijo quién es el padre de los testigos de Jehová:
> "Si Jehová fuera tu Padre entonces me amarías, porque yo salí de mi Padre, Jehová. Yo no vine de Mí mismo, sino que Jehová me envió.
>
> ¿Sabes por qué no crees en Mí? Es porque no puedes entender lo que estoy diciendo. Y no puedes entender lo que estoy diciendo porque vienes de tu padre, el diablo, y quieres las mismas cosas que quiere tu padre.
>
> El diablo fue un asesino desde el principio, y se negó a defender la verdad porque no hay verdad en él.
>
> El diablo es un mentiroso. De hecho, es el padre de las mentiras. Y cuando el diablo dice mentiras le está hablando a sus propios hijos.
>
> La razón por la que te niegas a creer en Mí es porque hablo la verdad".
>
> - Jesús, Juan 8:42-45

¿Quién es un mentiroso?

El apóstol Juan escribió:

> "¿Quién es un mentiroso?" Quienquiera que diga que Jesús no es el Cristo es un mentiroso. Tienen el espíritu del Anticristo porque rechazan a Jehová y al Hijo. Porque quien rechaza al Hijo no tiene a Jehová".
>
> 1 Juan 2:22-23

¿Quién es el Anticristo?

Puedes leer sobre el Anticristo en 2 Tesalonicenses 2:8-9. Se llama "el sin ley". Él es el diablo. Deslumbrará a la gente realizando lo que parecen ser milagros. Pero son mentira.

¿Por qué las personas escuchan al Anticristo?

La respuesta está en 2 Tesalonicenses 2:10-12. El Anticristo puede engañarlos para que acepten su mentira porque no aman la verdad. Entonces, Dios permite que el Anticristo les dé un fraude convincente, y ellos creen en un fraude en lugar de la verdad. No se complacerían en la verdad salvadora de Dios. En cambio, disfrutan de la mentira.

(Ver Zacarías 7:11-13; 2 Timoteo 4:3-4)

No puedes rechazar al Hijo y tener a Jehová. No puedes tener uno sin el otro. Quien niega al Hijo, niega a Jehová. Ese es el espíritu del Anticristo.

La verdad es simple para quien quiera verla. Pero, ¿qué les hace el diablo a quienes eligen no ver? La Biblia llama al diablo "el dios de este mundo", y dice que el diablo ciega las mentes de aquellos que se niegan a creer y les oculta la verdad acerca de Jesús. (2 Corintios 4:3-4)

¿Quién es un asesino?

Jesús dijo que el diablo era un asesino desde el principio. Y, al igual que su padre, los testigos de Jehová son asesinos de las almas de las personas. No pueden matar el alma de una persona, solo Dios puede hacer eso. Pero el diablo y los testigos de Jehová le dan a la gente una mentira, un evangelio falso que los lleva a una muerte espiritual.

(Mateo 10:28)

El verdadero "Evangelio" es la Buena Nueva de que Jesucristo, Dios mismo en un cuerpo de carne, vivió una vida sin pecado, dio Su vida como sacrificio por nuestros pecados, luego se levantó de entre los muertos y ahora está en el Cielo. Y cualquiera que cambie de opinión sobre el pecado y se vuelva a Jesús, confíe en el sacrificio que Él hizo y crea en Él, será salvo y vivirá para siempre con Jesús.

(Juan 3:16; 1 Corintios 15:1-4)

En palabras del apóstol Pablo, si alguien te ofrece cualquier otro evangelio que no sea el verdadero, déjalo ir a su propia muerte espiritual, no vayas allí con él. (Gálatas 1:1-12)

El evangelio de los testigos de Jehová es falso porque enseña que Jesús fue creado por Jehová. Nadie puede ser salvo por ese evangelio. Es un evangelio de <u>muerte</u>. Jesús no fue creado por Jehová, Jesús es Jehová.

¿Quién hace mentiroso a Jehová?

El apóstol Juan escribió:

"El que cree en el Hijo, ha creído en el testimonio de Jehová. Quien no crea en el testimonio de Jehová ha hecho de Jehová un mentiroso porque no creerá el testimonio que Jehová dio de su Hijo

El que tiene al Hijo tiene la vida eterna; y el que no tiene al Hijo, no tiene la vida eterna. Les he escrito esta carta a ustedes que creen en el Hijo de Jehová para que sepan que aquellos de ustedes que creen en el Hijo de Jehová vivirán para siempre".

1 Juan 5:10-13

¿Quién es el verdadero líder de los testigos de Jehová?
Los testigos de Jehová son tan dedicados, parados en las esquinas de las calles difundiendo su mensaje como un ejército. Pero el comandante en jefe de su ejército es el diablo. Su amo y señor es el diablo.

¿Quiénes son los señuelos del diablo?
Un señuelo es algo que atrae a las personas o los animales debido a su atractivo. Pero el señuelo es falso. Es una trampa.

Un cazador usa un pato de madera, pintado para que parezca un pato real. El cazador espera que algún pobre pato real crea que el señuelo es un pato real. Cuando el pato real vuela hacia el pato señuelo, el cazador dispara al pato real y lo mata.

El cazador corta la cabeza del pato real, le quita las plumas, lo asa y se lo traga.

Los testigos de Jehová son los señuelos del diablo
El diablo usa a los testigos de Jehová como señuelos pintándolos para que se parezcan a lo que la gente piensa que los cristianos deberían parecer. El diablo atrae a la gente a los testigos de Jehová y luego los despoja de la Palabra de Dios y se los traga espiritualmente.

(2 Corintios 11: 13-15; 1 Pedro 5:8)

El apóstol Pablo dijo que el diablo tiene el poder y la habilidad de aparentar ser un maestro brillante, sonriente y afectuoso del único camino verdadero, el camino de la luz y la vida. El diablo no vino a Eva como una serpiente repugnante; se acercó a ella disfrazado de ángel de luz.

(Génesis 3:1-7; 2 Corintios 11:14)

Entonces, no debería sorprendernos que haya personas a las que el diablo puede usar como sus agentes, sus <u>ministros</u>, sus señuelos. A los ojos <u>inexpertos</u>, parecen ser maestros del único camino verdadero de salvación. Usan palabras e ideas que <u>suenan</u> correctas. Pero son un cebo, una trampa destinada a engañar a los desprevenidos y atraerlos a una muerte espiritual.

Ver 2 Corintios 11:2-4, 13,15; Efesios 5:6-14;
Colosenses 2:4-11,18-19; 1 Juan 4:1-3; 2 Juan 1:7-11

¿Puedes ser salvo sin el Hijo de Dios?

Esto es lo que escribió el apóstol Juan:

"Todo el que cree en el Hijo de Dios ya tiene vida eterna. Pero el que no cree en el Hijo de Dios no tendrá vida eterna porque la ira de Dios está sobre él".

Juan 3:36

Jesús, el Hijo de Dios, dijo esto:

"Si una persona no permanece en Mí, es arrojada como una rama y se seca. Entonces la gente la recoge, la echa al fuego y la quema".

Jesús, Juan 15:6

Por lo tanto, no, no puedes ser salvo a menos de que creas que Jesús es el propio Hijo de Dios, que Jesús es 100% Dios. Los testigos de Jehová <u>no</u> son salvos. La ira de Dios está sobre ellos porque <u>engañan</u> a las personas haciéndolas <u>creer</u> que creen en el Hijo de Dios.

Romanos 1:18

<u>Pero es mentira</u>. No creen en el Hijo. Tal vez enseñen que Jesús es el "Hijo de Dios", pero <u>su</u> "Hijo de Dios" fue <u>creado</u> por Jehová. Su Jesús es cero por ciento Dios. El Jesús de los testigos de Jehová no es el Hijo de Dios. Es un <u>farsante</u>. (Ver Marcos 13:5-6)

Cuando las personas de la iglesia hicieron arrestar a Jesús, lo llevaron ante el sumo sacerdote, Caifás, quien le preguntó a Jesús – ¿Eres tú el Hijo de Dios? Jesús respondió que sí. Entonces el sumo sacerdote se rasgó las vestiduras y señaló –no necesitamos escuchar más testimonio de Él. Ha dicho una blasfemia.

Caifás preguntó a sus asociados qué pensaban. Ellos contestaron –"Es culpable de muerte". Entonces convencieron a los romanos para que ejecutaran a Jesús.   Mateo 26:45-68; Marcos 15:1-39

¿Qué podemos aprender de esto?

• Cuando Caifás le preguntó a Jesús si era el Hijo de Dios, le estaba preguntando si era Dios. Sabemos que es así porque cuando Jesús dijo que sí, lo acusaron de blasfemia, un delito que se castiga con la pena de muerte (eso es del Antiguo Testamento, la ley de Moisés). Jesús cometió la blasfemia de llamarse a sí mismo Dios. No lo habrían matado si hubiera dicho que no era más hijo de Dios que cualquier otro.   Levítico 24:16

• No permitas que nadie te diga que Jesús nunca dijo que es Dios. Lo dijo aquí. Si no fuera Dios, entonces cuando Caifás le preguntó si era el Hijo de Dios, habría respondido que no. Pero respondió que sí.

• En su literatura, los Testigos de Jehová llaman a Jesús, "el Hijo de Dios". Están engañando a las personas. Cuando llaman a Jesús el Hijo de Dios, hacen que las personas piensen que enseñan que Jesús es Dios. Pero ellos no enseñan eso. Los Testigos de Jehová enseñan que Jesús no es Dios.

La Biblia deja claro que el Hijo de Dios, Jesús, es Dios. Los Testigos de Jehová están contradiciendo la enseñanza de la Biblia. Sólo puedes ser salvado por el Hijo de Dios de la Biblia, que es Dios. No puedes ser salvado por el Hijo de Dios de los Testigos de Jehová, que no es Dios. Sólo Dios puede salvarte.

> Verdaderamente este Hombre era el Hijo de Dios.
> Marcos 15:39 (RV)

Eso lo dijo un centurión romano que presenció la muerte de Jesús. El espíritu Santo de Dios tocó su corazón para que pudiera ver que Jesús es Dios.

Capítulo seis

El Hijo del hombre

¿Quién es realmente el Hijo del hombre?

El Hijo del hombre tenía una identidad secreta, como Clark Kent. Jesús fue humilde y modesto, como lo fue Clark Kent. Solo unas pocas personas sabían que Clark Kent era realmente Superman. Y solo unas pocas personas sabían que el Hijo del hombre era realmente el Hijo de Dios. (Mateo 16:13-14)

Cuando Jesús se llamó a sí mismo "el Hijo del hombre", estaba diciendo que era "el Hijo de la humanidad". Jesús era tanto el Hijo de Dios como el Hijo de la humanidad.

El Hijo del hombre es Dios mismo disfrazado. No sabes quién es. Pero luego se quita el disfraz y dice "¡Sorpresa! ¡Soy <u>Yo</u>, Dios!"

Si un rey se disfraza para poder caminar inadvertido entre la gente y descubrir lo que están pensando, sigue siendo el rey. Dios, nuestro Rey, se disfrazó como uno de nosotros y caminó entre nosotros. Pero todavía era el Rey.

> Si deseas comprender quién es el Hijo del hombre, puedes comenzar por hacer tu propio estudio de dos pasajes. Son Isaías 53:1-12 y Filipenses 2:5-11.

La belleza del Cielo está más allá de nuestra capacidad de comprender. No hay nada que sea feo, malvado u ofensivo. Jesús dejó eso para convertirse en uno de nosotros. Olió nuestros baños y vio nuestros actos inimaginables de maldad.

El Hijo del hombre sintió dolor. Tanto dolor que la Biblia llama a Jesús "un Hombre de dolor" (Isaías 53:3). Jesús lloró. Sintió hambre, sed, cansancio y santa ira. Jesús sintió una cantidad ilimitada de amor y compasión y, como nosotros, experimentó la muerte.
(Mateo 15:32; 21:18; 27:26-31;
Marco 3:5; 4:38; 10:21; Juan 4:6-7; 11:35-36; 15:9; 19:28,30)

Jesús estuvo expuesto a todas las tentaciones terrenales a las que estamos nosotros. La diferencia entre nosotros y Jesús es que Él nunca cedió a esas tentaciones. Jesús nunca pecó, lo que significa que nunca desobedeció las leyes de Dios. (Mateo 4:1-11; Hebreos 4:15; 1 Juan 3:4)

¿A qué renunció Dios por nosotros?

Esto es lo que el apóstol Pablo escribió:

"Tú conoces la gracia de nuestro Señor Jesucristo. Era rico, pero se hizo pobre. Jesús hizo eso por nosotros. Dios se hizo pobre, para que, a través de su pobreza, pudiéramos hacernos ricos".

2 Corintios 8:9

Cuando Jesús vino a la tierra, no exigió todo el honor y las riquezas que merecía como nuestro Creador, Rey y Juez. Jesús nació en una familia pobre.

¿Cómo sé que eran pobres?
Lucas 2:24 dice que después de dar a luz a Jesús, María obedeció la ley de Israel que requería que ella llevara dos pájaros tórtola o dos pichones al templo como sacrificio.

Si miramos esa ley, en Levítico 12:1-8, vemos que el sacrificio requerido era un cordero y una tórtola o pichón. Pero si la mujer no podía pagar un cordero, entonces podía llevar dos tórtolas o dos pichones. José y María eran pobres. No se morían de hambre, pero no eran ricos. ¿Eres pobre y vives en circunstancias humildes? Anímate, Jesús también.

Además de dejar a un lado las riquezas que poseía como Dios, Jesús también dejó a un lado la dignidad que poseía como Dios. Cuando era niño, Jesús obedeció a sus padres, aunque José no era su verdadero padre, sino solo su tutor legal [Lucas 2:48,51]. Jesús obedeció la ley de Israel [Gálatas 4:4]. Jesús obedeció a Dios [Juan 10:18]. Jesús se convirtió en un siervo [Isaías 49:1-13].

(Marcos 6:3; Romanos 5:19; Hebreos 2:9-18; 5:8)

Jesús dijo:

"El Hijo del hombre no vino para ser servido, sino para servir,
y para dar Su vida en rescate por muchos pecadores".

- Jesús, Marcos 10:45

¿Cómo se comportó el Hijo del hombre?

Nota las palabras que usó Jesús. No dijo: "Vine para servir y dar Mi vida". En cambio, dijo: "El Hijo del hombre vino para servir y dar su vida". ¿Sabes qué es eso? Es modestia. Jesús no buscaba ser honrado en una ceremonia de premios. Jesús hizo su trabajo de una manera humilde.

Y enseñó a sus seguidores a hacer lo mismo:

"Cuando hayan hecho todas las cosas que les ordeno, entonces llámense a sí mismos siervos inútiles que cumplieron con su deber".
- Jesús, Lucas 17:10

El apóstol Pablo siguió el ejemplo de su Señor y Salvador. Al hablar de cómo lo llevaron al Paraíso, Pablo no dijo: "Me llevaron"; dijo: "Conocí a un hombre que fue llevado". (2 Corintios 12:1-11)

Jesús fue humilde porque las personas que obedecen a Dios se humillan ante Dios:

"Esto es lo que yo, Jehová, tengo que decir: Miro con agrado a los que son humildes, cuyos corazones han sido traspasados por el dolor a causa de su suciedad, y que se toman muy en serio el escuchar lo que digo, y me obedecen".
Isaías 66:2

Todo, excepto la parte de tener un corazón traspasado por el dolor por la propia suciedad, se aplica a Jesús. No hubo suciedad en Jesús como la hay en nosotros.

¿Por qué la identidad secreta?

Jesús no pudo revelar todo de inmediato. Habría sido asesinado antes. La gente quería matar a Jesús porque dijo que era el propio Hijo de Dios. Entonces Jesús tomó la posición humilde y se llamó a sí mismo el Hijo del hombre.

Todo tenía que suceder según el tiempo de Dios. Pero cuando se acercaba el final y el sumo sacerdote le preguntó a Jesús si Él era Dios, Jesús declaró con valentía que sí, Él es Dios. (Mateo 26:62-67)

¿Por qué Dios se convirtió en el Hijo del hombre?

Antes de que Jesús estuviera en el vientre de María, <u>no</u> era el Hijo de Dios ni el Hijo del hombre. Jesús es el Dios eterno. Jesús fue el Hijo solo desde el momento en que estuvo en el vientre de María, y lo será hasta que entregue al Padre a todos los que lo reciban como Salvador. Entonces Jesús regresará a su posición eterna en el cielo. (Isaías 9:6; 1 Corintios 15:24)

El humilde Hijo del hombre es Jehová, el Rey:

"Alégrate mucho, oh hija de Sión. Grita, oh hija de Jerusalén. Mira hacia arriba, tu Rey vendrá a ti. Él es justo, y traerá consigo la salvación. Será humilde y montará en un burro". Zacarías 9:9

¿Quién es el Rey? Jehová lo es. ¿Quién es el Salvador? Jehová. Pero Zacarías 9:9 está hablando de Jesús. ¿Cómo lo sé? Porque seiscientos años después de que fue escrito, Jesús fue el cumplimiento de esa predicción en Zacarías 9:9:

"Los discípulos trajeron el burro y pusieron sus ropas sobre él. Entonces Jesús se sentó en el burro. Una gran multitud extendió sus ropas en el camino que iba a recorrer Jesús. Y algunos cortaron ramas de los árboles y las esparcieron por el camino.

La gente caminaba delante y detrás de Jesús. Gritaban: '¡Hosanna al Hijo de David! Bienaventurado el que viene en nombre de Jehová. ¡Hosanna en las alturas!'

Y cuando Jesús llegó a Jerusalén, todo el pueblo se agitó. Preguntaban, '¿Quién <u>es</u> éste?'

Y las multitudes que estaban con Jesús dijeron: 'Este es Jesús el profeta de Nazaret de Galilea'". Mateo 21:7-11

Ese es Jehová, Dios mismo, nuestro Creador, entrando en Jerusalén, como Rey, en un burro. ¿Qué significa "Hosanna"? Significa "Sálvanos ahora". Dios se hizo Hijo del hombre para salvarnos de nuestros pecados.

¿Quién llamó a Jesús el Hijo del hombre?

En los cuatro evangelios, el único que llamó a Jesús el Hijo del hombre fue el mismo Jesús. Fue el nombre que más usó Jesús para sí mismo, llamándose el Hijo del hombre decenas de veces.

La primera vez que Jesús se llamó el Hijo del hombre fue cuando dijo esto:

> "El Hijo del hombre no tiene hogar donde recostar su cabeza".
> - Jesús, Mateo 8:20

Y la última vez que Jesús fue llamado el Hijo del hombre fue cuando se dijo esto de Él:

> "Y yo, Juan, miré, y vi una nube blanca, y sentado sobre la nube había Uno que se parecía exactamente al Hijo del hombre. Tenía una corona de oro en la cabeza y una hoz afilada en la mano".
> Apocalipsis 14:14

Jesús, el Hijo del hombre, se humilló a sí mismo para convertirse en un vagabundo. Pero debido a que obedeció a su Padre Celestial, Dios elevó a Jesús a la posición más alta. Jesús regresará como juez. Jesús pasó de la humillación a la glorificación.

> (Salmo 2:6-9; 110:1-2; Ezequiel 21:27;
> Mateo 28:18; Hechos 1:11; 2:32-33; Apocalipsis 19:11-16)

La muerte del Hijo del hombre fue predicha en Daniel 9:24-26, y su regreso como Juez, fue predicho en Daniel 7:13-14.

Jesús dijo esto:

> "Cuando el Hijo del hombre regrese en su gloria, con todos los santos ángeles, entonces se sentará en el trono de su gloria. Y personas de todas las naciones serán llevadas frente a Él. Y Él las separará como un pastor separa las ovejas de las cabras.
>
> Pondrá las ovejas a su derecha, y las cabras a su izquierda. Entonces el Rey les dirá a los de su diestra: 'Vengan, benditos de mi Padre, hereden el reino preparado para ustedes desde la fundación del mundo'".
> - Jesús, el Rey y el Juez, Mateo 25:31-34

¿Cómo intentarán confundirte los testigos de Jehová?

Los testigos de Jehová te van a lanzar algunas preguntas difíciles para intentar confundirte. Te preguntarán por qué Jesús dijo cosas como,

- "Digo las cosas que oí de mi Padre; no digo ni hago nada por Mí mismo; sino que hablo estas cosas como mi Padre me enseñó".
  Juan 8: 26,28

- "Pero en cuanto a cuándo será el día y la hora, nadie lo sabe. Ni siquiera los ángeles del cielo. Ni siquiera el Hijo. Solo el Padre lo sabe".
  Marcos 13:32

- "Mi Padre es más grande que yo".   Juan 14:28

¿Y por qué 1 Corintios 15:28 dice que el Hijo se someterá al Padre?

Alguien que quiera confundirte solo te mostrará un lado y tratará de hacerte pensar que es el único. Se nos enseña a estudiar la Biblia con diligencia, a escudriñar la Biblia y a dividir correctamente, lo que significa que pones las cosas donde pertenecen. Mira a nuestra Guía.
(Hechos 17:11; 2 Timoteo 2:15; Hebreos 11:6)

Todos los versículos que te acabo de mostrar en esta página están hablando del Hijo del hombre, el Jesús humilde, Jesús el hombre. Cuando los testigos de Jehová te preguntensobre un versículo, diles que lo anotarás. Luego ve y lee los comentarios sobre ese versículo y haz tu propio estudio. Pídele a Diossabiduría.   (Santiago 1:5-8)

Cuando aparecía Superman, la gente decía: "Mira, en el cielo ... es un pájaro... es un avión, ¡es Superman!" Y un día Jesús aparecerá en el cielo. Todos lo verán. Todos verán su identidad secreta. Y todos caerán de rodillas ante Él. Aquellos que lo aman caerán obedientes con amor y respeto. Pero sus enemigos caerán aterrorizados, rígidos como tablas.
(Mateo 24:44;
1 Corintios 16:22; 2 Tesalonicenses 3:5;
2 Timoteo 4:8; 1 Pedro 1:7; Apocalipsis 1:7; 6:15-17)

Capítulo siete

¿Cómo Jesús y Jehová son uno?

"Jehovah y yo somos uno"

- Jesús, Juan 10:30

La palabra <u>uno</u> significa <u>uno</u>, <u>no dos</u>. Si Dios creó a Jesús, y Jesús es el arcángel Miguel, como enseñan los testigos de Jehová, entonces serían <u>dos</u>.

Pero Jesús <u>no dijo</u>: "Jehová y yo somos <u>dos</u>". Jesús dijo: "Jehová y yo somos <u>uno</u>". Dios y Jesús no son dos dioses. Dios y Jesús son el único Dios en dos lugares al mismo tiempo. Dios y Jesús son el mismo Dios.

Este es un caso en el que uno más uno es igual a <u>uno</u>.

$$1 + 1 = 1$$

¿Pondrías tu alma en las manos de Miguel?

Cuando Jesús moría en la cruz, clamó en voz alta:

"Padre, en tus manos pongo mi alma". Lucas 23:46

Justo después de decir esas palabras Jesús exhaló su último aliento y murió en la cruz.

Ahora, observa esto:
Los hombres malvados que mataron a Jesús encontraron dos testigos que testificarían falsamente contra Él en su juicio ilegal.

(Mateo 26:59-61)

Y lo mismo le sucedió a un discípulo de Jesús, llamado Esteban. Los hombres malvados querían matar a Esteban, por lo que encontraron hombres que testificarían falsamente contra él. (Hechos 6:8-11)

Agarraron violentamente a Esteban, lo arrastraron a su juicio ilegal y lo obligaron a pararse frente a ellos. Mientras lo miraban, vieron que el rostro de Esteban parecía el de un ángel.   (Hechos 6: 12-15)

Aquellos hombres malvados se llenaron de ira y rechinaron los dientes contra Esteban. Pero él estaba lleno del Espíritu Santo.

Y fue como si Esteban no se diera cuenta de lo que le estaban haciendo. Estaba mirando al cielo como si estuviera viendo algo. Vio la gloria de Dios, y a Jesús parado a la diestra de Dios.   (Hechos 7:54-55)

Entonces Esteban dijo,

"¡Mira! Veo el cielo abriéndose, y al Hijo del hombre de pie
a la derecha de Dios".   Hechos 7:56

Cuando los hombres malvados oyeron a Esteban decir eso, se pusieron las manos sobre los oídos. Lo odiaron. Los volvió locos. Todos corrieron hacia Esteban, lo arrastraron fuera de la ciudad y le arrojaron piedras.   (Hechos 7:57-58)

¿Qué hizo Esteban después?

Esteban gritó, diciendo:

"Señor Jesús, recibe mi alma".   Hechos 7:59

Entonces se arrodilló y gritó en voz alta: "Señor, no los culpes por este pecado".

Y después de decir eso, falleció.

(Hechos 7:60; ver Lucas 23:34)

- Ahora, ¿qué dijo Jesús justo antes de morir en la cruz? Él dijo: "Padre, en tus manos pongo mi alma".   (Lucas 23:46)

- Pero justo antes de que Esteban muriera, ¿qué dijo? Dijo: "Señor Jesús, recibe mi alma".   (Hechos 7:59)

¿Por qué Esteban le pidió a Jesús que recibiera su alma? ¿Por qué Esteban no puso su alma en las manos de Dios como lo hizo Jesús? Porque Jesús <u>es</u> Dios. Si le pides a Jesús que reciba tu alma, es lo mismo que poner tu alma en las manos de Dios.

¿Esteban pondría su alma en manos de Miguel? ¡Nunca! No creas la mentira malvada de que Jesús es Miguel. Si Miguel escuchara a los testigos de Jehová decir eso, les diría que se callaran.

(Hechos 7:59)

¿Quién es el pastor?

El **Antiguo Testamento** dice lo siguiente:

"¡Escucha esto! Jehová el Señor vendrá con su gran fuerza y gobernará con su brazo. ¡Escucha esto! Él traerá consigo recompensas. ¡Es día de pago! Jehová apacentará su rebaño como un pastor. Él tomará los corderos en sus brazos y los llevará junto a su corazón. Y guiará suavemente a los que tienen crías".   Isaías 40:10-11

En el **Nuevo Testamento** Jesús expresó:

"Yo soy el buen Pastor, y conozco mis ovejas." Juan 10:14

Después de que Jesús resucitó de entre los muertos, y justo antes de regresar al cielo, confrontó al apóstol Pedro. Jesús le preguntó a Pedro tres veces: "¿Me amas? Y tres veces Pedro dijo: "Sí, Señor, te amo". Y Jesús respondió diciendo: "Apacienta mis corderos", "Apacienta mis ovejas", "Apacienta mis ovejas".   (Juan 21:15-17)

Jesús dijo: "Yo soy el Pastor", y Jesús llamó a los creyentes, "Mis corderos, mis ovejas". Pero acabamos de leer en Isaías que las ovejas y los corderos pertenecen a Jehová, y que Jehová es el Pastor.

Todos conocen la primera línea del Salmo 23:

"El Señor es mi Pastor, nada me faltará".   Salmo 23:1 (KJV)

En el hebreo original, las palabras "El Señor" son "Jehová". Entonces, realmente dice: "Jehová es mi Pastor".

¿Qué dice el **Nuevo Testamento**?

"El Dios de paz resucitó de la muerte a nuestro Señor Jesús, el gran Pastor de las ovejas, por la sangre de la alianza eterna".
                                                        Hebreos 13:20

Jesús es Jehová, el gran Pastor de las ovejas.

¿Quién puede perdonar los pecados?

Jehová perdona los pecados:

- "Yo, yo, soy Jehová, el que borra tus rebeliones por amor de mí mismo. Y no recordaré tus pecados".   Isaías 43:25

- "Yo, Jehová, borraré su culpa y no me acordaré más de su pecado".   Jeremías 31:34

- "Yo soy Jehová, Jehová Dios. Soy misericordioso y bondadoso, y soporto a mi pueblo. Les doy abundancia de bondad y fidelidad.

    "Muestro misericordia a todos los que me aman quitando su perversidad, rebelión y pecado".   Éxodo 34:6-7

Jesús perdona los pecados:

Algo maravilloso sucedió una vez cuando Jesús visitó la ciudad de Capernaúm. Las personas vieron donde fue Jesús y les dijeron a todos: "¡Jesús está en la casa!" Así que todo el mundo entró en la casa. Estaban empaquetados como sardinas. Y Jesús les enseñó la Palabra de Dios.

Luego, cuatro personas llegaron a la casa. Llevaban a un paralítico sobre un colchón. Querían ver a Jesús, pero fue imposible. Había demasiada gente. Así que subieron al hombre al techo e hicieron un agujero en el techo. Se podía hacer eso con el tipo de techos que tenían. Luego, a través del agujero, bajaron al hombre en su colchón.
                                                  (Marcos 2:1-4)

Cuando Jesús vio cuánta fe tenían en Él, le dijo al paralítico: "Hijo, tus pecados te son perdonados".   (Marcos 2:5)

Pero había algunas autoridades religiosas en la multitud
Esas autoridades religiosas escucharon a Jesús decirle al hombre que sus pecados eran perdonados. Entonces pensaron: ¿Por qué este hombre está haciendo algo tan malo, perdonando los pecados de una persona? ¡Solo Dios puede perdonar los pecados!
                                                  (Marcos 2:7)

Jesús sabía lo que pensaban los hombres porque Jesús es Dios. Entonces les preguntó por qué tenían esos sentimientos en sus corazones, y agregó: "¿Qué sería más fácil, decirle al paralítico: 'Tus pecados te son perdonados', o decir: 'Levántate, toma tu colchón, vete a casa y vive tu vida'?

Y tan pronto como Jesús dijo eso, el paralítico se puso de pie, tomó su colchón y se fue a casa, mientras todos miraban. La gente estaba asombrada. Ellos glorificaron a Dios y dijeron: "Nunca antes habíamos visto algo así".   (Marcos 2:8-12)

Cuando Jesús le dijo a ese hombre: "Hijo, tus pecados te son perdonados", frente a toda esa gente, Jesús nos estaba diciendo audaz, clara y enfáticamente que Él es Dios.

Cuando los hombres estaban pensando, "¿Por qué este hombre está haciendo mal al perdonar pecados? ¡Solo Dios puede perdonar los pecados!" Jesús no dijo: "Oh, lo siento, entendiste mal. No soy Dios". No, Jesús profundizó más.

> Cuando Jesús perdonó al hombre de sus pecados, Jesús estaba diciendo: "Yo soy Jehová, Dios".

Ve el relato en Lucas 7:36-46, que conduce a las palabras especialmente importantes que Jesús dijo a un fariseo y a una mujer humilde en Lucas 7:47-50. Solo el mismísimo Dios podría decirles lo que Jesús les dijo.

¿Frente a quién se arrodillarán todos?

En el Antiguo Testamento, **Jehová** dijo esto:

"Yo soy Jehová, y no hay otro Dios fuera de Mí. Yo soy el Dios justo y el Salvador. No hay nadie fuera de Mí.

Mírame y serás salvo, seas quien seas y estés donde estés. Yo soy Dios y nadie más lo es.

He jurado por Mí mismo, de mi boca ha salido la palabra en justicia, y nunca cambiará.

Y digo que <u>todos caerán de rodillas ante Mí</u>, y todos admitirán que Yo soy Jehová".

- Jehová, Isaías 45:21-23

El Nuevo Testamento nos dice lo que sucederá cuando **Jesús** regrese:

"Todos <u>caerán de rodillas</u> ante Jesús.

Todos, incluidos los que están en el Cielo, los que viven en la tierra y los malvados que han muerto y esperan el juicio.

Y todos admitirán que Jesús es Jehová".

Filipenses 2:10-11

¿Quién es el Primero y el Último?

El idioma hebreo del Antiguo Testamento a veces llamaba la atención de las personas al repetir algo dos veces, e incluso tres veces. Y muchas formas hebreas de expresión como esa se usaron en el Nuevo Testamento.

Aquí hay algunos ejemplos: En Isaías 26:3, las palabras "paz perfecta" son "paz, paz" en el hebreo original; en Jeremías 7:4: "el templo de Jehová, el templo de Jehová, el templo de Jehová"; en Juan 13:20: "De cierto, de cierto"; y en Apocalipsis 4:8: "Santo, santo, santo".

Menciono esto por lo que te voy a mostrar ahora.

Tres veces en el Antiguo Testamento, **Jehová** dijo esto:

● "¿Quién es el que ha creado y realizado, formando a todos los pueblos del mundo desde el principio? Yo, Jehová, el primero con el último. Yo soy". Isaías 41:4

● "Esto es lo que yo, Jehová, les digo: Soy el Rey de Israel, y el Pariente Redentor de Israel, el Señor de los ejércitos celestiales. Soy el primero y soy el último. Y fuera de mí no hay Dios". Isaías 44:6

● "Obedecedme, oh Jacob e Israel, a aquellos a quienes he llamado. Soy Él. Yo, Jehová, soy el primero, también soy el último". Isaías 48:12

Tres veces en el Nuevo Testamento, **Jesús** dijo esto:

● "No tengas miedo, Soy el primero y el último". Apocalipsis 1:17

● "El primero y el ultimo" está diciendo estas cosas". Apocalipsis 2:8

● "Soy Alfa y Omega, el Principio y el Fin, el Primero y el Último". Apocalipsis 22:13

Solo Jehová y Jesús dijeron "Yo soy el primero y el último", porque solo Jehová y Jesús pueden decir eso. Jesús es Jehová.

¿En la mano de Quién se sostienen los creyentes?

Un día, la gente le dijo a Jesús: "¿Hasta cuándo nos mantendrás en suspenso? ¿Afirmas ser el Cristo? ¡Dinos!" Juan 10:24

Y Jesús dijo: "Ya les dije que soy el Cristo y no me creyeron porque no son mis ovejas. Mis ovejas conocen mi voz y yo las conozco. Mis ovejas me siguen y les doy vida eterna, y no morirán jamás". Juan 10:25-28

Entonces Jesús hizo algo muy interesante. Primero, dijo:

- "Nadie puede quitar mis ovejas de mi mano". Juan 10:28

Luego dijo:

- "Nadie puede quitar mis ovejas de la mano de Jehová". Juan 10:29

Entonces, Jesús siguió diciendo:

- "Jehová y yo somos uno". Juan 10:30

Ahora, sé que ciertas personas argumentarán tontamente que cuando Jesús dijo que Él y Jehová son uno, simplemente quiso decir que ambos tenían los mismos intereses. Oh, por favor.

Ciertamente las personas sabían que Él no quiso decir eso. Recogieron piedras para matar a Jesús. Dijeron: "¡Te vamos a matar porque eres un hombre y te haces pasar por Dios!" Juan 10:31-33 (Ver Levítico 24:16)

¿Se disculpó Jesús? ¿Les dijo que no entendían? ¡No! Eso significa que tenían razón cuando dijeron que Él afirmaba ser Dios.

Jesús dijo que los creyentes son sostenidos en su mano. Y Jesús dijo que los creyentes son sostenidos en la mano de Jehová. Un ser creado no puede decir eso. El arcángel Miguel no puede decir eso, ni se atrevería. Solo Dios puede tener a los creyentes en su mano. Jesús nos está diciendo una vez más que Él y Jehová son uno, uno y el mismo.

¿Quién es el Santo?

Jehová se llamó a sí mismo el Santo:

> "Yo soy Dios, y no un hombre. <u>Yo soy el Santo</u>".
> - Jehová, Oseas 11:9
> (Ver Isaías 29:23; 43:3; 49:7)

El rey David llamó a **Jehová** el Santo:

> "Te alabaré mientras toco un instrumento musical de cuerda porque <u>Tú eres Verdadero</u> y Fiel. Es a ti a quien cantaré mientras toco, porque Tú eres el Santo de Israel".   Salmo 71:22

<u>Y</u> el rey David llamó a **Jesús** el Santo:

> "Tú, Jehová, no me dejarás en el lugar a donde van los muertos. No permitirás que el cuerpo de tu Santo se descomponga".
> Salmo 16:10

David dijo, "me", pero David está hablando de Jesús. Y cuando David dice, "el Santo", está hablando de Jesús. Puedo probarlo.

Esto es lo que dijo el **apóstol Pedro**:

> "Pueblo de Israel, escuchen lo que tengo que decir. Dios les demostró que el Hombre, Jesús de Nazaret, fue enviado por Él. ¿Cómo lo demostró Dios? Todos ustedes vieron el poder que tenía Jesús. Hizo todo tipo de cosas milagrosas e imposibles. Eso fue todo, esa fue la señal, la prueba de que Dios envió a Jesús.
>
> Dios planeó todo el tiempo entregarles a Jesús. Sabía que sus manos malvadas clavarían a Jesús en una cruz. Pero Dios resucitó a Jesús de entre los muertos y lo libró de los dolores de la muerte, para que no fuera retenido por ella, como predijo el rey David". Hechos 2:22-24

Entonces Pedro prosiguió y citó las palabras que acabamos de leer, las palabras que David escribió en Salmos 16:10 acerca de "no dejar mi alma en el lugar a donde van los muertos". Eso prueba que David estaba hablando de Jesús.

Jehová se llamó a sí mismo el Santo. David llamó a Jehová el Santo. David y Pedro llamaron a Jesús el Santo.

<u>Y</u> **Jesús** se llamó a sí mismo el Santo:

"A los creyentes de la iglesia de Filadelfia: Yo, que digo estas cosas, es <u>Él el Santo, Él el Verdadero,</u> Él el que tiene la llave de David, Él el que abre, y nadie cierra, y cierra, y nadie abre".

- Jesús, Apocalipsis 3:7

¿Tu Biblia dice "Él que es Santo", en lugar de "Él que es el Santo"? Es lo mismo. Se trata de la santidad <u>total</u>. Solo Dios puede referirse a sí mismo como "Él que es Santo" o "Él que es el Santo".

¿Quién más sabía que **Jesús** es el Santo?

El ángel Gabriel le dijo esto a María:

"El Espíritu Santo vendrá a ti, y el poder del Altísimo reposará sobre ti. Por eso el Santo que nacerá por medio de ti se llamará Hijo de Dios".

Lucas 1:35

Un **espíritu maligno** sabía que **Jesús** es el Santo:

"Había un hombre que estaba poseído por un espíritu inmundo y maligno. Cuando Jesús se acercó al hombre, el espíritu maligno gritó en voz alta, diciendo: 'Déjanos en paz; ¿qué tenemos que ver contigo, Jesús de Nazaret? ¿Has venido a destruirnos? Yo sé quién eres. Tú eres el Santo de Dios'.

Entonces Jesús puso fin al espíritu maligno, diciéndole: 'Te ordeno que cierres bien tus mandíbulas. Ahora aléjate de este hombre'. Así, cuando el espíritu maligno convulsionó, el hombre fue arrojado ileso en medio de la gente. Y sobrevino el asombro de todo el pueblo, y dijeron: '¡Qué Palabra habla!'".

Lucas 4:33-36

Los testigos de Jehová <u>no saben</u> que Jesús es el Santo.

¿El aliento de Quién da vida?

Jesús da el aliento de vida:

"Jesús dijo a sus discípulos: 'Paz a vosotros. Mi Padre me envió y ahora yo los envío a ustedes'.

Y después de que Jesús dijera eso, sopló sobre los discípulos y les dijo: 'Reciban una primera muestra del poder del Espíritu Santo desde lo alto'".

- Jesús, Juan 20:21-22

Jehová da el aliento de vida:

Jehová le dijo a Ezequiel que le hablara a los huesos secos y dijera:

"Oh, huesos secos, escuchen la Palabra del Señor. Jehová dijo: 'Soplaré en ti y vivirás. Restauraré tu carne y tu piel, y pondré Mi aliento en ti para que vivas, y sabrás que yo soy Jehová, tu Señor'".

Ezequiel 37:4-6

Jehová le mostró al profeta Ezequiel un valle lleno de huesos muy secos. Esos huesos representaban al pueblo. El pueblo estaba seco espiritualmente porque no estaba recibiendo el agua viva de la Palabra de Dios. Estaban siendo guiados por falsos pastores que les daban mentiras en lugar de la verdad.

El aliento que salió de la boca de Jesús y dio a los discípulos una primera muestra del poder vivificador del Espíritu Santo, es el <u>mismo</u> aliento que Jehová insufló en esos huesos secos.

El aliento de Jesús es el mismo aliento que le dio vida a Adán en Génesis 2:7. Es el aliento de Dios, el aliento de vida. El Espíritu Santo de Dios da vida, vida eterna.

¿Quién es el Salvador?

Jehová dejó en claro que Él es el único Salvador:

"Yo soy Jehová. Sí, yo, Jehová.
Y no hay otro salvador fuera de mí".   - Jehová, Isaías 43:11

Pero, ¿qué pasa con esto?

"Desde Simón Pedro, siervo y apóstol de Jesucristo, hasta aquellos a quienes se les ha dado la misma fe preciosa mediante la justicia de Dios y nuestro <u>Salvador</u> Jesucristo".   2 Pedro 1:1

Si Dios dijo que no hay otro Salvador además de Él y la Biblia llama a Jesús el Salvador, ¿qué significa eso? ¿Dos salvadores? Nunca.

Dios nos dio la respuesta:

"Escuchen lo que yo, Jehová, les digo. Llegará el día en que resucitaré a un Hijo de David. Será un Renuevo justo y un Rey. Utilizará la sabiduría para ser el ejecutor. Utilizará la integridad para hacer verdadera justicia en la tierra.

Es entonces cuando Judá se salvará, e Israel vivirá en paz y seguridad.

Y aquí está el nombre con el que ese Renuevo justo será llamado: JEHOVÁ NUESTRA JUSTICIA".
                                        - Jehová, Jeremías 23:5-6

Ese es Jehová el que allí habla. Está hablando del que salvará. Aquel que Él llama el Renuevo justo, el Hijo de David. Está hablando de Jesús. Y Jehová dijo que Jesús será llamado JEHOVÁ NUESTRA JUSTICIA.

La respuesta es que Jesús es Jehová. Jesús es el que habla en Isaías 43:11; Jesús dijo: "Yo soy Jehová, y no hay salvador fuera de Mí". El nombre Jesús significa "Jehová nuestro Salvador". Jesús es el único Salvador.

¿Qué dijeron los samaritanos?

"Los samaritanos le dijeron a la mujer: 'Ya no nos basamos en lo que nos dijiste sobre Jesús. Ahora hemos escuchado hablar a Jesús. Y ahora <u>sabemos</u> que Jesús es verdaderamente el Salvador del mundo'".

Juan 4:42

¿Estaban equivocados?
Ahora, alguien podría decirte que los samaritanos estaban equivocados, que simplemente pensaban que Jesús era el Salvador.

No. Después de que los samaritanos dijeron eso, Jesús no les dijo que dejaran de hablar malas palabras. Jesús no les dijo que solo Jehová es el Salvador y que, por lo tanto, Él no puede ser el Salvador. No, Jesús les dejó creer que Él es el Salvador. ¿Por qué? ¡Porque Jesús <u>es</u> el Salvador! Jesús se quedó con los samaritanos durante dos días después de que dijeron que él era el Salvador del mundo.   Juan 4:43

Jehová es Jesús el Salvador

"El nombre de nuestro Salvador es Jehová, el Santo de Israel, el Señor de los ejércitos del Cielo".   Isaías 47:4

Jesús le dijo esto a Marta:

"Yo soy la Resurrección y la Vida Eterna. Sí, los cuerpos de las personas hechos de carne, sangre y huesos, morirán. Pero, aunque su cuerpo muera, todo el que <u>crea en mí</u> vivirá, y quiero decir que vivirá conmigo —para siempre".

- Jesús, Juan 11:25

¿Quién es el Señor de los señores?

El Antiguo Testamento dice esto sobre **Jehová**:

"Jehová, tu Dios, es Dios de dioses y Señor de señores".
Deuteronomio 10:17

"Oh, den gracias a Jehová, que es bueno de verdad, y su amorosa bondad es para siempre.

Oh, den gracias al Dios de los dioses, su amor es eterno.

Oh, den gracias al <u>Señor de los señores,</u> su misericordia es eterna".
Salmos 136:1-3

El Nuevo Testamento dice esto sobre **Jesús**:

"Los diez reyes pelearán contra el Cordero, y el Cordero los vencerá porque Él es Señor de señores y <u>Rey de reyes</u>. Y los que pelean con el Cordero son los llamados, escogidos y fieles". Apocalipsis 17:14

Jesús es el Cordero: (Isaías 53:7-8; Juan 1:29,35-36; Hechos 8:32; 1 Pedro 1:18-20; Apocalipsis 1:18; 5: 6-14; 12:10-11; 19:5-9)

Cuando Jesús regrese para juzgar y hacer la guerra, llevará este nombre:

Rey de reyes y Señor de señores

Ver Apocalipsis 19:11-21

¿En quién son bautizados los creyentes?

En Mateo 28:19, Jesús les dijo a los apóstoles que bautizaran a las personas en el nombre del Padre, del Hijo y del Espíritu Santo.

Los testigos de Jehová dicen a las personas que Jesús es un ser creado y que el Espíritu Santo no es una persona. Si eso fuera cierto, ¿por qué en el mundo Jehová los incluiría en el bautismo del creyente?

Si solo Jehová fuera Dios, entonces Jesús les habría dicho a los apóstoles que solo bautizaran a las personas en el nombre del Padre, Jehová. Pero Jesús es Dios. Y el Espíritu Santo es una persona. El Espíritu Santo es Dios.

Más tarde, en Hechos 2:38, el apóstol Pedro dijo a las personas que se bautizaran en el nombre de Jesucristo.

Pedro nombra a Jesús sin mencionar al Padre o al Espíritu Santo. ¿Por qué es eso? Porque cuando tienes a Jesús tienes al Padre y al Espíritu Santo. Todo lo que hay en Dios está en Jesús.

(Ver Colosenses 2:9)

¿Quién examina nuestros corazones?

El Antiguo Testamento dice esto sobre **Jehová**:

"Jehová está en su santo templo, el trono de Jehová está en el Cielo.

Sus ojos consideran cuidadosamente, sus párpados examinan, y Él determina la condición de cada persona.

Jehová refina a la persona justa, como el oro;
pero Él odia a la persona malvada, y odia a la persona
que ama ser cruel".

Salmo 11:4-5

En el Nuevo Testamento, **Jesús** dijo esto:

"Sí, estás haciendo cosas buenas, tu iglesia en Tiatira. Pero tengo algo en tu contra. Permites que la mujer Jezabel, que se hace llamar profetisa, seduzca a mis siervos para que se involucren en las prácticas más perversas de los adoradores de ídolos, y coman cosas que han sido sacrificadas a los ídolos.

Y le di tiempo, esperando que se arrepintiera, pero se negó a arrepentirse de su idolatría. ¡Escuchen esto! Voy a arrojarla a ella y a todos los que cometen adulterio con ella a un lecho de gran angustia. Si no cambian de opinión, entonces extinguiré a sus discípulos con la muerte.

Y todas las iglesias sabrán que Yo soy el que examina los pensamientos, sentimientos y deseos más íntimos de las personas. Y les daré a cada uno de ustedes lo que se merecen, según lo que hagan".

Apocalipsis 2:20-23

Tanto Jehová como Jesús saben lo que hay en el corazón de cada uno de nosotros, nuestros pensamientos y deseos más íntimos. Ningún ser creado puede hacer eso. Miguel no puede hacer eso. Solo Dios puede.

¿Quién es Emmanuel?

El Antiguo Testamento señala esto:

"Un niño nacerá de una mujer que nunca había tocado a un hombre.
Y ella le dará a ese Niño el nombre de Emmanuel".   Isaías 7:14

Ese Niño nació 600 años después. Mateo 1:21-25 nos dice que la mujer,
María, dio a luz a un Hijo, aunque nunca había estado con un hombre.
Lo llamó Jesús porque salvaría a su pueblo de sus pecados. El nombre
Jesús significa "Jehová, nuestro Salvador".

Y se nos dice que el nacimiento del Niño de María <u>fue el cumplimiento</u>
de la predicción en Isaías 7:14, que una mujer, una virgen, tendría un
Hijo, y que el Hijo se llamaría Emmanuel. ¿Qué significa Emmanuel?
Mateo 1:23 nos dice que Emmanuel significa "<u>Dios con nosotros</u>".

En Apocalipsis, capítulo 21, se le permitió al apóstol Juan tener una
visión de lo que sucederá al comienzo de la eternidad venidera. Esto es
lo dicho por Juan:

"Yo, Juan, vi la ciudad santa, la nueva Jerusalén, descender del cielo
de Dios, deslumbrante, como una novia vestida para su marido.

Y escuché una gran voz del cielo decir: '¡Mira hacia arriba! El hogar
de Dios ha llegado a las personas. Y Dios vivirá con ellos y serán su
pueblo.

Y Dios mismo estará con ellos y será <u>Dios con nosotros</u>.

Y Dios enjugará todas las lágrimas de sus ojos. No habrá más
muerte, no más tristeza ni llanto. Nunca habrá más dolor. Todas esas
cosas pasarán".

Apocalipsis 21:2-4

Eso habla de Jehová. Dios con nosotros es Jehová.

> ¿Quién es Dios con nosotros? Jesús lo es. Jesús es Dios con nosotros y Jehová es Dios con nosotros.

¿Dos dioses? Nunca. ¿Un Dios y un dios? De ninguna manera. ¿Jehová y Miguel? ¡No! Solo hay un Dios. Su nombre es Jehová y su nombre es Jesús. Él es el que nos ama, el que se entregó por nosotros. Él es quien enjugará nuestras lágrimas. Miguel no.

En Isaías 8:8, a Jehová se le llama "Oh Emmanuel".

Isaías 8:10 dice esto a los enemigos de Israel:

"Adelante, reúnanse y hagan sus planes. No servirán de nada. Adelante, dale el grito a tu ejército para que nos ataque. No resistirá. ¿Por qué? Porque Dios está con nosotros".

Isaías 8:10

En ese versículo, Isaías 8:10, ¿qué es "Dios está con nosotros" en el hebreo original? Es "Emmanuel". ¿Quién es Emmanuel? El Libro de Isaías dice que Jehová es Emmanuel. Y el Evangelio de Mateo dice que Jesús es Emmanuel.

¿Quién puede calmar el mar?

El Antiguo Testamento dice esto:

"Los que descienden al mar en barcos,
que trabajan en grandes aguas;

Ellos son los que ven las cosas maravillosas
que hace Jehová en las profundidades del mar.

Sus barcos se elevan al cielo y descienden a las profundidades
cuando Jehová manda al viento tempestuoso
que levanta las olas.

Sus corazones se derriten de miedo por el peligro.
Los tiran de esta manera y de esa manera, como a un borracho.
Y es como si todo su conocimiento del mar y sus habilidades de
navegación hubieran sido tragados por las olas.

Entonces claman a Jehová en su angustia
y Jehová calma su miedo apaciguando la tormenta
para que las olas se tranquilicen.

Entonces se alegran por lo que hizo Jehová, mientras
Él los guía con delicadeza a su lugar seguro favorito.

Todos debemos agradecer a Jehová por su bondad
y todas las cosas maravillosas que hace por nosotros".
Salmos 107:23-31

¿Pero qué hay de aquellos que mueren en el mar?
Así es. Los mares no siempre se apaciguan y muchos mueren en el mar.
Pero este pasaje de la Biblia compara a las personas que trabajan en
barcos en las profundidades del mar con la vida de aquellos que
trabajan para Dios. Vivimos en un mundo donde hay mucha maldad.
Los creyentes tenemos momentos de peligro debido a esto. Dios
permite que nos pase a nosotros. Pero aquí Dios recuerda a los
creyentes que nuestras almas están seguras en sus manos. E incluso si
nos matan en el cumplimiento del deber, Él nos llevará a salvo al cielo
para estar con Él para siempre.

El Nuevo Testamento dice esto:

"Al anochecer, Jesús dijo a los apóstoles:
Naveguemos hasta el otro lado del mar.
Entonces los apóstoles se llevaron a Jesús en la barca.

Pero surgió una gran tormenta, con fuertes vientos.
Las olas entraban en la barca y esta se estaba llenando de agua.
Mientras esto sucedía, Jesús dormía profundamente
en el otro extremo del bote, con su cabeza sobre un cojín.

Los apóstoles despertaron a Jesús y le dijeron:
'Maestro, ¿no te importa que estemos muriendo?'
Cuando Jesús estuvo completamente despierto, le dijo al viento
que retrocediera. Jesús le dijo al mar: 'Quédate quieto, enmudece'.
Entonces el viento se detuvo y hubo una calma absoluta.

Jesús dijo a los apóstoles: '¿Por qué tienen tanto miedo?
¿Por qué no tienen fe?'

Pero ahora los apóstoles realmente querían salir de ese barco.
Cuando vieron lo que hizo Jesús, se asustaron hasta la muerte.
Estaban aterrorizados.

Se dijeron el uno al otro: '¿Quién es este hombre, que incluso
puede hacer que el viento y el mar le obedezcan?'".

Marcos 4:35-41

Los apóstoles ya no le tenían miedo al viento ni al mar. Ahora estaban
aterrorizados porque se dieron cuenta de que estaban sentados en un
bote con Dios mismo. Estaban en presencia de Aquel que puede hacer
que el mar y el viento le obedezcan. Sabían que solo Jehová podía hacer
eso. Nadie necesitaba decirles quién era Jesús ahora.

Ahora sabían que estaban sentados en una barca con su Creador, el
Dios eterno, su Dios amoroso, su Juez, Jehová mismo.

¿Quién creó todo?

Jehová creó todo:

"Esto es lo que yo, Jehová, su Salvador, tengo que decir. Yo soy quien formó sus cuerpos en el vientre de sus madres. ¡Fue idea mía! Así es. Y escuchen <u>esto</u>: cada cosa que existe, ¡Yo la hice!

Ese cielo que miras, yo lo extendí. Y ese planeta, la Tierra, por la que caminas, lo hice Yo. ¿Y sabes quién me ayudó? ¡Nadie! Lo hice todo por mí mismo. Yo, Jehová y nadie más".   - Jehová, Isaías 44:24

Los testigos de Jehová enseñan que Jehová estaba solo, y que luego Jehová creó a Jesús, y luego Jesús creó todo lo demás: nuestros cuerpos, nuestro planeta, el universo y todo lo que hay en él. Pero aquí, en Isaías 44:24, Jehová está diciendo que esos llamados testigos de Jehová no están diciendo la verdad.

(Ver Isaías 45:18; Apocalipsis 4:10-11)

Jesús creó todo:

"Todo lo que fue creado fue creado por Jesús. Y no hay ni una sola cosa que haya sido creada por otro que no sea Jesús".

Juan 1:3

"Todo lo que fue creado fue creado por Jesús. Todo lo que está en el cielo y todo lo que está en la tierra; todo lo que está en el mundo físico y todo lo que está en el mundo espiritual, desde lo más alto hasta lo más bajo, desde lo más grande hasta lo más pequeño.

Todo lo que existe fue creado por Jesús y para Jesús. Antes de que todo fuera creado, Jesús ya estaba. Y Jesús mantiene unido todo lo que creó".

Colosenses 1:16-17

Jesús es Jehová el Creador.

¿Quién es la Luz del mundo?

En el Antiguo Testamento, **Jehová** dijo esto:

"Ya no necesitarás el sol para que te alumbre durante el día, ni tendrás la luna brillando por la noche. Eso es porque yo, Jehová, te daré luz. Yo seré tu hermosa luz, por los siglos de los siglos".

- Jehová, Isaías 60:19

En el Nuevo Testamento, **Jesús** dijo esto

"Yo soy la luz del mundo".   - Jesús, Juan 8:12

El arcángel Miguel nunca diría "Yo soy la luz del mundo". Ningún ser creado se atrevería a decir tal cosa, excepto quizás el diablo.

Cuando Jesús dijo: "Yo soy la luz del mundo", Él no podría haber dicho de forma más sencilla, ni más audaz, ni más claramente que Él es Dios.

Ver Malaquías 4:1-3. Solo hay uno que trae el brillo de Dios. Él es la Luz, el <u>Sol</u> de justicia. Solo hay un Sanador, y ese el único Señor y Salvador, Jesucristo.

(Ver Salmos 97:11; Juan 1:4-9; 3:19;
Hechos 26:18; Efesios 5:13-14;
1Tesalonicenses 5:5; 1 Juan 1:7; Apocalipsis 21:23)

¿Quién es el Padre?

El Nuevo Testamento dice esto sobre el nacimiento de Jesús

> "Porque os ha nacido, hoy en la ciudad de David,
> un Salvador, que es Cristo el Señor".
>
> Lucas 2:11 (KJV)

El nacimiento de Jesús fue predicho en el Antiguo Testamento:

> "Porque un Niño nos ha nacido, un Hijo nos ha sido dado:
> ... y se llamará su nombre Admirable, Consejero
> Dios poderoso, Padre eterno, Príncipe de la Paz".
>
> Isaías 9:6 (KJV)

Este versículo dice: "un Hijo nos ha sido dado". Fue traducido del original hebreo. A veces el idioma hebreo hablaba de cosas que sucederían en el futuro como si ya hubieran sucedido. El Nuevo Testamento copió esa forma de hablar. Es un modismo.

(Mateo 26:28; Marcos 9:31; (KJV);
compara Lucas 10:18 con Apocalipsis 9:1; 12:7-12)

Isaías 9:6 está prediciendo el nacimiento de Jesús unos 600 años antes de su nacimiento. Jesús es llamado "el Dios poderoso" y "el Padre eterno". Jesús llamó a Dios "Padre". Dios es el Padre y Dios poderoso. Jesús es el Padre y Dios poderoso.   (Jeremías 32:18)

Durante mi ministerio en la calle, alguien me dijo que no podía aceptar eso porque significaría que cuando Jesús oraba estaba hablando consigo mismo (Juan 17:1). Eso es como cuando dije que para entender cómo Dios y Jesús son uno tienes que estar dispuesto a dejar que $1 + 1 = 1$. Entenderás estas cosas cuando abras tus oídos y entregues tu vida a Jesús. Entonces Jesús te dará su Espíritu Santo para que abra tus ojos espirituales y te enseñe – y entenderás cosas como por qué Jesús dijo: "Antes de que Abraham fuese, yo soy" (Juan 8:58).

(Mateo 13:9-17; Juan 9:30; 14:26;
Hechos 26:15-18; Efesios 1:15-18; 1 Juan 2:20, 27)

Capítulo ocho

Solo Jesús

¿Quién puede predecir su muerte y resurrección?

Jesús hizo un látigo. Usó ese látigo para expulsar a todos los que estaban en el templo convirtiéndolo en un lugar de negocios. Jesús echó las ovejas y los bueyes que vendían. Arrojó el dinero de sus cajas al suelo, y volcó sus mesas. Jesús llamó al templo "la casa de mi Padre".

(Juan 2:13-17)

La gente vio esto como algo que solo podía hacer el Mesías, predicho en el Antiguo Testamento, el Rey y Salvador, que sería Dios mismo. Así que le pidieron a Jesús que les diera una señal que les demostrara que tenía la autoridad para desalojar el templo como lo hizo.

(Juan 2:18)

¡Jesús acababa de darles una señal!

Esa <u>fue</u> la señal, la forma en que Jesús despejó el templo y lo llamó "la casa de mi Padre".　　　　　　　　　(Malaquías 3:1-3)

Sin embargo, Jesús respondió a su pregunta. Dijo: "Destruyan este templo y en tres días lo levantaré. La gente dijo: "Se necesitaron cuarenta y seis años para construir el Templo. ¿Lo reconstruirás en tres días? Pero Jesús hablaba del "Templo de su cuerpo".

(Juan 2:19-21)

> No entendieron que Jesús estaba prediciendo su muerte, y afirmando que tres días después de morir se levantaría de la muerte y volvería a la vida en su mismo cuerpo de carne.

Ningún ser creado tiene esa clase de poder sobre su vida. Ningún ser creado puede decir que entregará su vida y que luego volverá a tomarla. Solo Dios mismo podría decir que haría eso y luego realmente hacerlo. Solo Jesús podría hacer eso.

Jesús dijo:

"Nadie me quita la vida. Yo mismo la entrego. Tengo el poder de entregarla, y tengo el poder de volver a tomarla. Me lo ha ordenado mi Padre".　　　　　　　　　　　　　　- Jesús, Juan 10:18

¿Qué hizo Jesús por una mujer humilde?

Jesús estaba en casa de un hombre llamado Simón, en un pueblo llamado Betania. Una mujer llegó a la casa. Llevaba una caja hecha de piedra valiosa, como el mármol. La caja contenía una sustancia preciosa hecha de aceites y perfumes de la mejor calidad.

Mientras Jesús estaba sentado y comiendo con los demás, la mujer abrió la caja y derramó el aceite sobre su cabeza.   (Mateo 26:6-7)

Mateo escribe que los discípulos de Jesús se molestaron al ver lo que la mujer había hecho. Le dijeron: "¡Qué desperdicio! Podríamos haber vendido ese aceite por mucho dinero que se podría haber dado a los pobres".

(Mateo 26:8)

Cuando Jesús escuchó eso, dijo esto a sus discípulos:

"¿Por qué molestan a esta mujer? Lo que ha hecho conmigo es una buena obra. Porque de alguna manera siempre tendrán a los pobres con ustedes, pero a mí no siempre me tendrán.

Hay una razón por la que ella derramó eso sobre mi cuerpo. Lo hizo para mi sepultura.

Y en verdad les digo que en todos los lugares donde se predique este Evangelio, en todo el mundo, se contará también lo que esta mujer acaba de hacer por mí, en su memoria".

- Jesús, Mateo 26:10-13

Solo Dios mismo podía decir que eso sucedería y luego hacer que sucediera. Solo Dios tiene ese poder. Y nota que Jesús dijo "En verdad les digo..." Jesús habló con una autoridad que solo posee Dios mismo.

Aquí estamos, dos mil años después de que Jesús dijera eso y podemos imaginarnos esa escena, ver a esa mujer, oír la ignorancia de los discípulos. Sentimos el amor que la mujer sentía por Jesús. Y nos asombra que ella entendiera que Jesús era su Salvador que moriría por ella, algo que los discípulos de Jesús no sabían.

Y nos sentimos tan identificados con la forma en que Jesús defendió a esa mujer. Y Jesús hizo más que defenderla contra la ruda acusación de sus discípulos. Se aseguró de que todo el mundo, en todas partes, para siempre, supiera lo que ella hizo.

¡Era Dios mismo quien hablaba!

¿Entiendes ahora que fue Dios mismo quien dijo eso, e hizo eso por ella, por esa humilde mujer? ¿Sientes un calor en el pecho y humedad en los ojos? ¿Se te derrite el corazón? ¿Está actuando el Espíritu Santo en ti?

¿A quién pertenecen los creyentes?

Jesús dijo:

"Verán llegar al Hijo del Hombre, al frente de su ejército, con gran poder y gloria. Y entonces enviará a sus ángeles, y reunirá a su pueblo, desde los confines de la tierra y de los cielos".
                                                                    - Jesús, Marcos 13:26-27

Mira el poder que Jesús reclama para sí mismo. Ese es el poder de Dios, el papel de Dios. Y mira, Jesús enviará a sus ángeles. Jesús no es un ángel. Jesús creó a los ángeles, ellos trabajan para Jesús, solo Jesús.

¿Quién sacará al diablo del negocio?

Jesús dijo:

"¿Cómo puede alguien entrar en la casa del hombre fuerte y despojarlo de sus armas si primero no lo ata? Entonces despojará la casa del hombre fuerte."   - Jesús, Mateo 12:29

El hombre fuerte en esta historia es el diablo. Y el que atará al diablo y lo despojará de sus armas es el Señor Jesucristo, solo Jesús.

¿Quién aplastará la cabeza del diablo?

Génesis 3:15 nos dice lo que ocurrirá en un futuro lejano. El diablo hará que Jesús sea asesinado injustamente en una cruz. Y por eso, el diablo está bajo sentencia de muerte. Pero el diablo nunca se arrepentirá. Es un hombre muerto caminando. Jesús ejecutará la sentencia de muerte del diablo, y este irá al infierno y será convertido en cenizas. Solo Jesús puede hacer eso porque Jesús es Dios, el Juez.
                                        (Isaías 14:15; Ezequiel 28:18; Lucas 22:3)

Jesús cabalgará en un caballo blanco. Su ropa estará manchada de sangre. Tendrá una espada, y el nombre de Rey de reyes y Señor de señores. Jesús matará a sus enemigos con esa espada, y aplastará la cabeza del diablo.   (Apocalipsis 19:11-21; 20:10)

¿Conoces a alguien que no haya tenido un padre humano?

No, no es así. A menos que conozcas a Jesús, porque Jesús es el único que nació en este mundo sin tener un padre humano. Jesús fue llamado Hijo de Dios para enseñarnos que Él tenía una relación con Dios que nadie más tiene.

El profeta Isaías escribió esto:

"El mismísimo Señor les dará esta señal: ¡Escuchen con atención! Una <u>virgen concebirá</u> y dará a luz un hijo, y lo llamará Emmanuel".
Isaías 7:14

Esa fue una predicción del nacimiento de Jesús. Fue escrita por el profeta Isaías bajo la dirección del Espíritu Santo de Dios. Se escribió unos 600 años antes de que naciera Jesús. ¿Cómo sé que es una predicción del nacimiento de Jesús? Te lo diré.

¿Qué significa la palabra **concebir**?
Dios envió al ángel Gabriel a una mujer llamada María y le dijo que a partir de ese momento tendría el comienzo de una vida humana creciendo dentro de su cuerpo, en su vientre. Eso es lo que significa <u>concebir</u>. Gabriel le dijo a María que cuando naciera el Niño que llevaba dentro, debería llamarlo Jesús. Y Jesús sería llamado Hijo del Altísimo (Dios). (Lucas 1:26-32)

¿Qué significa la palabra **virgen**?
Aprendemos el significado de la palabra <u>virgen</u> en la respuesta que María dio al ángel Gabriel. Ella dijo:

"Nunca he tenido relaciones sexuales, así que ¿cómo llegará este Niño a mi vientre?" Lucas 1:34

Gabriel le dijo a María que este Niño no tendría un padre humano. Esto es algo que nunca ha sucedido antes. Es algo que solo Dios puede hacer. Este Niño no será el resultado de un acto sexual. En cambio, este Niño será colocado en el vientre de María cuando Dios la cubra con el suave poder de su capacidad creativa, a través de su Espíritu Santo.

Solo Jesús

Solo Jesús nació así, nadie más. Solo Jesús puede decir que Dios es su propio Padre. Y por eso el Santo que María dio a luz se llama Hijo de Dios.   (Lucas 1:35)

¿Por qué nació Jesús de una virgen? Fue una señal. Se hizo para mostrarnos que éste es Dios. Solo Dios podía nacer de una virgen. María quedó embarazada sin tener relaciones sexuales. No tuvo ningún contacto con un hombre que pudiera haberla dejado embarazada.

> María es la única mujer que siguió siendo virgen después de dar a luz. Significa que Jesús es Dios. Dios no va a hacer eso por un ángel, o por algún ser creado.

El hecho de que Jesús fuera concebido en el vientre de una mujer, no por un hombre, sino por el poder del Espíritu Santo de Dios, prueba que Jesús es Dios

Y sí, Mateo 1:22-23 dice que Jesús es el Niño cuyo nacimiento fue predicho en Isaías 7:14, con el nombre de Emmanuel, que significa, "Dios con nosotros".

¿Quién habló con la misma autoridad que Dios?

Jesús se sentó en la ladera de una montaña y pronunció lo que se conoce como el Sermón de la Montaña.　　　(Mateo 5:1 a 7:27)

Cuando Jesús terminó, la gente se asombró de sus enseñanzas. Dijeron que Jesús no les enseñaba como sus maestros habituales, llamados "escribas". Decían que cuando Jesús les enseñaba era como si su boca fuera la de Dios.　　　(Mateo 7:28-29)

En el Antiguo Testamento, cuando los profetas hablaban en nombre de Dios, siempre decían: "Esto es lo que dice el Señor".

He aquí algunas de las muchas veces que lo dijeron: Jeremías 7:3; Amós 7:17; Abdías 1:1; Nahum 1:12; Hageo 2:23; Zacarías 1:3; Malaquías 1:4

Jesús hablaba como solo Dios puede hablar

Jesús nunca dijo: "Esto es lo que dice el Señor". Jesús decía: "De cierto, cierto les digo". Jesús hablaba con la misma autoridad que Dios porque Jesús es Dios.

La expresión De cierto, cierto, significa En verdad, verdaderamente, o Amén, amén. Jesús se llamó a sí mismo "el Amén" en Apocalipsis 3:14. En Isaías 65:16 Jehová es llamado el "Dios del amén". La versión King James dice: "Dios de la verdad". Pero el original hebreo para "verdad" en este verso es <u>amén</u>, # 543.

Hice un recuento rápido y al parecer Jesús comenzó un sermón diciendo: "De cierto, cierto", alrededor de 70 veces. Puedes ver eso buscando la palabra "cierto" en tu Concordancia de Strong.

Durante el Sermón de la Montaña, Jesús utilizó otra expresión que ningún maestro humano se atrevería a utilizar.

Jesús dijo: "Pero yo les digo", como en,

"Han oído cómo la gente ha añadido algo al mandamiento de Dios (en Levítico 19:18). Dios dijo que debes amar a tu prójimo. La gente lo cambió a: ama a tu prójimo y odia a tu enemigo. Pero yo les digo que deben amar a sus enemigos".　　　　- Jesús, Mateo 5:43-44

Jesús habló con una autoridad que solo Dios posee. Jesús dijo: "Pero yo les digo" en estos versículos: Mateo 5:21-22; 27-28; 31-32; 33-34; 38-39; 43-44

¿Puede un ser creado decir lo que dijo Jesús?

Jesús dijo:

"Los cielos y la tierra pasarán:
    pero mis palabras nunca pasarán".

Marcos 13:31

Jesús llamó a las palabras de Dios "Mis palabras". Jesús lo dijo de nuevo en Juan 8:31: "Si permanecen en mi palabra, entonces son mis verdaderos discípulos".

Cuando los profetas hablaban, Dios estaba hablando sus palabras a través de ellos. Los profetas nunca llamaron a las palabras de Dios sus propias palabras. Nunca dijeron: "Mis palabras".

Solo Dios mismo podía decir lo que Jesús decía. El arcángel Miguel nunca cometería una ofensa al decir las cosas que solo Dios puede decir. Solo Jesús puede llamar a las palabras de Dios "Mis palabras", porque solo Jesús es Dios.

¿Jehová llamó <u>Dios</u> a Jesús?

Sí. Jehová le dijo esto a Jesús:

"Tu trono, oh Dios, es por los siglos de los siglos".   Hebreos 1:8

Hebreos 1:8 dice que ese es Jehová llamando a Jesús Dios.
(Ver Salmo: 45:6)

¿Qué les preguntó Jesús a los fariseos?

Los fariseos eran falsos líderes religiosos que habían tomado el control de las instituciones religiosas. Ponían sus <u>propias</u> enseñanzas junto a las de Dios y obligaban a la gente a seguirlas. Veían a Jesús como una amenaza a su autoridad porque Jesús liberaba al pueblo de su crueldad.   (Ver Marcos 7:1-23 y Mateo 15:20)

Sin embargo, los fariseos <u>sí</u> conocían la Biblia. Sabían que la Biblia predecía que <u>su Salvador,</u> llamado el Cristo (o Mesías, en hebreo), sería un descendiente de David, el rey de Israel.
    (2 Samuel 7:8-29; Salmo 132:11; Mateo 1:1; Apocalipsis 5:5; 22:16)

{Isaí era el padre de David. (Isaías 11:1,10)}

{A veces el Antiguo Testamento dice "David" cuando habla de Jesús. (Ezequiel 34:23-25,29; 37:24-25)}

Jesús es ese Salvador. Jesús es el Cristo. Por eso Jesús es llamado el Hijo de David. Pero los fariseos odiaban a Jesús y rechazaban la idea de que Él fuera el Cristo.

Jesús usó la Biblia y un pensamiento agudo como una táctica para acorralar a sus enemigos. Un día, Jesús desafió a los fariseos a resolver un acertijo:

Jesús dijo:
        "Quiero saber sus pensamientos sobre Cristo:
            ¿De quién es el Hijo?"   - Jesús, Mateo 22:42

Los fariseos respondieron:

"El Hijo de David".   Mateo 22:42

Entonces Jesús les dijo:

"Tienen razón, el Mesías es el hijo de David. Pero me gustaría que me explicaran algo. El rey David escribió el Salmo 110:1 por medio de la dirección del Espíritu Santo de Dios.

Y en ese versículo David escribió esto acerca del Mesías: 'Jehová dijo a mi Señor: "Siéntate a mi diestra hasta que ponga a tus enemigos por estrado de tus pies"'.

Si el Mesías es el hijo de David, entonces ¿por qué David llamó al Mesías Señor?"   - Jesús, Mateo 22:43-45

Hasta este momento los fariseos a veces hacían creer que respetaban a Jesús como maestro y le hacían preguntas sobre la Biblia. Los fariseos pensaban que ellos eran los más inteligentes. Pensaban que podían engañar a Jesús con sus falsas preguntas.   (Ver Juan 8:1-6)

Pero, ¿adivina qué? Jesús silenció a los fariseos. Su pregunta sobre el Hijo de David los atrapó. Ninguno de ellos fue capaz de responder a su pregunta, ni les gustó. Y a partir de ese momento los fariseos estaban demasiado asustados como para hacerle más preguntas a Jesús.

No obstante, ¿sabes a quién le gustó la pregunta que Jesús hizo sobre el Hijo de David? Le encantó a la gran multitud de personas que escuchaban mientras Jesús hablaba con los fariseos. Les gustó tanto que querían escuchar todo lo que Jesús decía.
                    (Marcos 12:37; Mateo 22:41-46; Marcos 12:35-37; Lucas 20:41-44)

"El Señor dijo a mi Señor". ¿Qué significa eso? Significa que Jehová llamó a Jesús Dios. Significa que Jesús es Dios. ¿Por qué otra razón Jesús les haría esa pregunta a los fariseos? Jesús la hizo para obligar a los fariseos a admitir que Jesús es Dios o a cerrar la boca.

¿Alguien ha visto a Jehová?

Sí, las personas vieron a Jehová cuando vieron a Jesús:

La noche antes de que Jesús fuera crucificado, uno de sus apóstoles, llamado Felipe, le dijo:

> "Señor, muéstranos a Jehová".   Juan 14:8

Y Jesús respondió:

> "¿Cómo es posible, Felipe, que después de haber estado contigo tanto tiempo todavía no me conozcas? El que me ha visto a mí, ha visto a Jehová".   – Jesús, Juan 14:9

¿Qué pasó antes de que Jesús viniera a nosotros?
Primero, Timoteo 6:16 dice que nadie ha visto a Dios, y nadie puede, porque Dios vive en una luz a la que ningún ser humano puede acercarse.

> (Ver Salmos 104: 1-2)

Dios bajó al monte Sinaí para dar los 10 mandamientos a los hijos de Israel. Dios les dijo que si tocaban la montaña mientras Él estaba allí, morirían. La única excepción fue Moisés.

> (Éxodo 19: 12-13,20-25)

Dios descendió en fuego. La montaña se estremeció violentamente. Hubo truenos, relámpagos y humo como un horno.

Después de escuchar hablar a Dios, los hijos de Israel le dijeron a Moisés que querían que él les hablara en vez. Dijeron que tenían miedo de que, si Dios les hablaba de nuevo, morirían. (Éxodo 20: 18-19)

Pero Moisés le dijo al pueblo:

"No tengan miedo. Dios hizo esto para saber si se mantendrían fiel a Él, y para poner en su rostro una razón para temerle, para que no pequen".

> Éxodo 20:20

¿Cuál era el plan de Dios?

Más tarde, Moisés dijo a los hijos de Israel,

"Cuando estábamos en el monte Sinaí, Dios me habló y me dijo que estaba feliz de escuchar lo que ustedes dijeron. Dios dijo que les dará todo lo que pidieron cuando pidieron no ver más el gran fuego y no escuchar más su voz para que no mueran.

Dios levantará un profeta. Será un ser humano de carne y hueso como yo, un miembro de su familia. Obedézcanlo.

Dios hablará sus palabras por la boca de ese Profeta. Él hablará todo lo que Dios le ordene hablar.

Y Dios dijo esto: 'Si alguno no obedece mis palabras que ese Profeta hablará en mi nombre, entonces juzgaré a esa persona'".
Deuteronomio 18:15-19
(Ver también Mateo 17:5-7; Juan 1:21; 5:46; 6:14)

Ese Profeta es Jesús, la Palabra de Dios.

El apóstol Juan escribió:

"La Palabra de Dios entró en un cuerpo humano y caminó entre nosotros. Vimos Su gloria. Es una gloria exactamente como la gloria del único que es el propio Hijo de Dios. Y en Él está toda la gracia y la verdad de Dios".   Juan 1:14

"Ningún ojo humano ha visto jamás a Dios. Pero el Hijo unigénito, que estaba en el seno del Padre, nos ha revelado a Dios".   Juan 1:18

Dios es tan santo que si estuviéramos en su presencia seríamos tan conscientes de nuestra suciedad pecaminosa que probablemente estallaríamos en llamas. Pero si creemos en Jesús, entonces iremos a Dios en paz. Él nos recibirá.   (Ver Juan 12:44-50)

"La felicidad se desborda en aquellos que son puros de corazón, porque ellos verán a Jehová".   - Jesús, Mateo 5:8

¿Quién es adorado como Dios?

El diablo le dijo a Jesús:

"Arrodíllate y adórame".   - el diablo, Mateo 4:9

El diablo le pidió a Jesús que lo adorara como si él fuera Dios. ¿Cómo sé eso? Porque Jesús le respondió esto al diablo:

"Está escrito: 'Adora a Jehová, tu Dios, y no adores
a ningún otro que no sea Él.'"   - Jesús, Mateo 4:10
                    (Ver Deuteronomio 6: 3-15; 10:20)

Jesús dijo que solo Dios debe ser adorado, y nadie más debe ser adorado como Dios.

¿Las personas adoraban a Jesús?
Sí, lo hicieron. Cuando Jesús resucitó de entre los muertos, se dirigió a María Magdalena y a otra mujer llamada María que iban por el camino.

Cuando esas dos mujeres vieron a Jesús, se inclinaron ante Él, pusieron sus manos en sus pies y los sostuvieron como si nunca los fueran a soltar. Y adoraron a Jesús.   (Mateo 28:9)

¿De qué manera las personas adoraban a Jesús?
Ahora, alguien podría decir que las mujeres no estaban adorando a Jesús como Dios, que solo estaban mostrando respeto como un estudiante mostraría respeto a un maestro humano o a una persona que está en una posición de autoridad sobre ellos.

¿Podemos encontrar un ejemplo de ese tipo de adoración?
Sí. Jesús contó una historia que nos enseña la importancia de perdonar a las personas. En la historia, un hombre que era siervo de cierto rey le debía mucho dinero, y el rey le dijo al hombre que pagara ahora, o vería las consecuencias.   (Ver Mateo 18:21-35)

Entonces el hombre se arrodilló y adoró al rey, y le dijo: Señor, ten paciencia conmigo, y te devolveré todo lo que te debo.

¿Recuerdas esos tres pasos?

Ahora vamos a utilizar los tres pasos para comprender lo que les hablé en el capítulo dos de este libro (página 24).

El primer paso: Idiomas originales

El primer paso es buscar el significado de las palabras en las lenguas originales. Toma tu Concordancia de Strong y busca las palabras "adorar" y "adorado". El Strong te muestra cada versículo en el Nuevo Testamento donde se usan esas palabras. Después de cada versículo verás un número.

Usa ese número para encontrar la palabra en el diccionario griego en la parte de atrás de Strong. Los números de Strong también se utilizan en otros diccionarios griegos, como el de Spiros Zodhiates, que ofrece definiciones mucho más profundas que las de Strong.

Esto es lo que encontramos

En Mateo 18:26, donde leemos que el siervo adoró al rey al que le debía dinero, la palabra "adoró" es la #4352.

Aquí es donde se pone interesante

Acabamos de leer Mateo 4:10, donde Jesús le contó al diablo que el Antiguo Testamento decía: "Adora a Jehová, tu Dios". ¿Puedes adivinar qué número tiene la palabra "adorar" en este versículo? También es la #4352.

El segundo paso: Contexto

Cuando el siervo mostró respeto al rey, un ser humano, la palabra "adorar" es la #4352; y cuando Jesús dijo "adorar a Jehová", la palabra para "adorar" también es la #4352. Ahora necesitamos el segundo paso: el contexto. ¿Quién está hablando? ¿A quién le están hablando? ¿Qué se dijo antes y después? ¿Qué significa para nosotros cuando consideramos todo lo demás que nos enseña la Biblia?

He dicho antes que el contexto triunfa sobre el significado de las palabras. ¿Por qué? Porque el significado de las palabras puede cambiar. Lo vemos en este ejemplo. La misma palabra que se usa para adorar a Dios también se usa para mostrar respeto a una autoridad humana. Recuerda nuestra Guía. Haz las cuentas.

Jesús dijo: Adorad (#4352) a Jehová. Sabemos que Jehová es Dios, así que sabemos que en este caso #4352 significa adorar a Dios. Y sabemos que el rey era un hombre. Así que cuando el siervo adoró (#4352) al rey, estaba mostrando respeto a una autoridad humana, no adorándolo como Dios.

Por eso tenemos que estudiar y pensar. ¡Sí! <u>Debes</u> hacer eso. Lo sé, algunas iglesias te harán creer que no debes estudiar o pensar. Pero tienes que responder a Dios por lo que hiciste por Él. No puedes dejar que tu iglesia haga tu estudio o razonamiento. Y ellos no pueden hablar con Dios por ti. Al final, eres tú y Dios.

Entonces, ¿qué pasa con Jesús?

Sabemos que Jesús es Dios. La Biblia lo dice. El mismo Jesús lo dijo. Ese es nuestro contexto. Ciertamente había algunas personas que no sabían que Jesús era Dios y lo adoraban en el sentido de mostrar respeto a un maestro humano. Pero los que saben que Jesús es Dios lo adoran como Dios.

El tercer paso: La comprensión dada por Dios

¿Por qué algunas personas no pueden ver que Jesús es Dios? Porque Dios no les ha dado esa comprensión. ¿Por qué no? Bueno, una razón podría ser que están escuchando a un hombre hasta el punto de que se han negado a escuchar a Dios.   (Por favor, ve 2 Timoteo 4:3-4)

Nunca entenderás si solo tienes los dos primeros pasos. Solo los que tienen el tercer paso pueden ver a Jesús. Y solo los creyentes tienen el tercer paso.   (Ver Salmos 27:1)

¿Es Jesús adorado como Dios?

Solo Jehová y Jesús deben ser adorados como Dios porque Jesús es Jehová y Jehová es Dios. En los capítulos 4 y 5 del Apocalipsis, vemos que tanto Jehová como Jesús son adorados como Dios.

• Apocalipsis 4:8-11 nos habla de cómo se adora a **Jehová**:

"Los cuatro seres vivientes no descansan. Todo el día y toda la noche están diciendo: 'Santo, santo, santo, Jehová Dios Todopoderoso, que era, que es y que ha de venir'.

"Y cuando esos cuatro seres vivientes dan gloria y honor y gracias al que está sentado en el trono, el que vive por los siglos de los siglos, los veinticuatro ancianos se postran y adoran al que vive por los siglos de los siglos, y arrojan sus coronas ante su trono.

Y dicen: 'Digno eres, oh Jehová, nuestro Señor, de tomar la gloria y el honor y el poder'". Apocalipsis 4:8-11

- Apocalipsis 5:7-8,11-14 nos habla de cómo se adora a **Jesús**:

"Cuando el Cordero, Jesús, tomó el libro de la mano derecha de Aquel que estaba sentado en el trono, los veinticuatro ancianos se postraron ante el Cordero. Cada uno de ellos tenía un arpa, y cuencos de oro llenos de incienso, que simbolizan las oraciones de los creyentes.

Y yo, Juan, miré, y oí la voz de muchos ángeles alrededor del trono y de los cuatro seres vivientes, y de los ancianos. Y eran tantos que no se podían contar.

Y todos decían a gran voz: 'Digno es el Cordero, Jesús, que fue muerto, de tomar el poder, las riquezas, la sabiduría, la fuerza, el honor, la gloria y la bendición'.

Y a todo ser creado en el cielo, y en la tierra, y en el lugar de los muertos, y en el mar, los oí decir: 'Bendición, y honor, y gloria, y poder, a Jehová, el que está sentado en el trono, y al Cordero, Jesús, por los siglos de los siglos.

Y los cuatro seres vivientes dijeron 'Amén'. Y adoraron".
Apocalipsis 5:7-8,11-14 (Ver Apocalipsis 7:9-12)

Adoraron a Jehová y a Jesús. La misma adoración fue dada a ambos. Jesús dijo: "Jehová y Yo somos uno". (Juan 10:30)

Cuando los apóstoles le pidieron a Jesús que orara, éste les dijo: "Cuando oren, digan: 'Padre nuestro, que estás en el cielo'". Pero acabamos de leer en Apocalipsis 5:8 que los veinticuatro ancianos llevan las oraciones de los creyentes a Jesús.

(Ver Lucas 11:1-3)

¿Quién más adoró a Jesús como Dios?

En el capítulo 9 de Juan, Jesús dio la vista a un hombre que había sido ciego de nacimiento. Después de darle la vista, Jesús le dijo al hombre: "Seguro, ahora, después de esto, debes ser un creyente en el Hijo de Dios". El hombre le dijo: "Dime quién es, Señor, para que pueda creer en Él". Jesús dijo: "Lo has visto y está hablando contigo ahora mismo". El hombre dijo: "Señor, creo". Y entonces el hombre adoró a Jesús.

(Juan 9:38)

Hay mucho ahí. El hombre adoró al Hijo de Dios. Sabemos que "el Hijo de Dios" significa que Jesús es 100% Dios. La gente quería matar a Jesús por llamar a Dios su propio Padre. El hombre recibió la vida eterna por creer en Jesús, el Hijo de Dios, que es 100% Dios.

Solo Jehová es el Salvador. Jesús es Jehová.   (Ver Isaías 45:21-22)

Los apóstoles adoraron a Jesús como Dios

Cuando los apóstoles se vieron envueltos en una tormenta en el mar, Jesús caminó hacia ellos sobre el agua. Luego Jesús subió a la barca con ellos y la tormenta se detuvo. Esto es lo que sucedió después:

"Entonces los que estaban en la barca adoraron a Jesús, y dijeron, 'Verdaderamente eres Hijo de Dios'".   Mateo 14:33

Esto es lo que sucedió cuando Jesús volvió al Cielo:

"Jesús hizo que sus discípulos caminaran con Él hasta que llegaron a la ciudad de Betania. Entonces Jesús levantó las manos y bendijo a los discípulos.

Mientras Jesús bendecía a los discípulos, se fue y se quedó solo. Entonces Jesús fue llevado al cielo.

Y los discípulos adoraron a Jesús.

Entonces los discípulos volvieron a Jerusalén llenos de gran alegría. Fueron al templo cuando el pueblo se reunía allí, y cantaron sobre la grandeza de Dios y hablaron cosas buenas de Dios".

Lucas 24:50-53

¿Te gustaría otra lección sobre el contexto?

Los hombres que crucificaron a Jesús le hicieron esto:

"Siguieron golpeando a Jesús y escupiendo sobre Él. Y se arrodillaron ante Jesús y lo adoraron".   Marcos 15:19

La palabra "adoraron" aquí es una vez más la #4352. ¿Recuerdas? Es la misma palabra que Jesús usó en Mateo 4:10, cuando dijo "adorad a Jehová". Pero el siguiente versículo nos dice que esos hombres no estaban adorando a Jesús como Dios; se estaban riendo de Jesús. La misma palabra que Jesús usó para adorar a Jehová se usa aquí para la falsa adoración que esos hombres le daban a Jesús.   Marcos 15:20

La palabra "Señor"
La forma en que se utiliza la palabra "Señor" en la Biblia nos obliga a estudiar y pensar. Sí, Dios quiere que pienses. Nunca entenderás la Biblia si no piensas —tu propio pensamiento, no los pensamientos de algún hombre.

La palabra griega que se traduce al español como "Señor" es la #2962. El significado de la palabra cambia según el contexto en el que se usa. Puede ser un término de respeto usado cuando se habla a una autoridad humana o puede ser usado cuando se habla a Dios.

En Mateo 13:27 ("señor") y 1 Pedro 3:6 ("señor"), la palabra griega #2962 se utiliza para mostrar respeto a los seres humanos.

Jesús dijo esto a sus apóstoles:
"Cuando me hables, llámame Maestro y Señor.
Tienes razón. Porque lo soy".   - Jesús, Juan 13:13

¿Qué dijo el apóstol Tomás?

"Jesús le dijo a Tomás: 'Mira mis manos. Adelante, usa tu dedo. Ahora toma tu mano y métela en mi costado. ¡Deja de dudar de que me levanté de entre los muertos y empieza a creer!'"
                                    - Jesús, Juan 20:27

"Y Tomás dijo a Jesús: 'Señor mío y Dios mío'".   Juan 20:28

Cuando los <u>humanos</u> fueron llamados "señor", la palabra utilizada es la #2962. Cuando Jesús y Tomás llamaron a <u>Jesús</u> "Señor", la palabra es la #2962. El contexto hace la diferencia.

¿Es Jesús el arcángel Miguel?

En el libro del Apocalipsis, el apóstol Juan se postró a los pies de un ángel para adorarlo, pero el ángel le dijo a Juan:

"No hagas eso. Soy un consiervo como tú y los demás que son testigos de Jesús, y todos los que guardan las palabras de la Biblia. Adora a Dios".   Apocalipsis 22:8-9

La palabra "arcángel" significa simplemente un ángel de alto rango. El arcángel Miguel es un ángel, nada más. Un ángel le dijo a Juan que <u>no lo</u> adorara, sino que solo adorara a <u>Dios</u>.   (Ver Hechos 10:25-26;
14:11-15; Col.2:18; Heb 1:6)

Los testigos de Jehová dicen que Jesús es el arcángel Miguel. Pero Jesús <u>nunca</u> dijo lo que el ángel le dijo a Juan cuando éste trató de adorar a ese ángel. Cuando María Magdalena y la otra María, y los apóstoles, y el ciego adoraron a Jesús, Jesús no los detuvo y les dijo que adoraran a Dios. ¿Por qué? ¡Porque Jesús <u>es</u> Dios!

¿Dijo Jesús que las personas serían adoradas?

Jesús les dijo a los creyentes de la iglesia en Filadelfia que haría que aquellos que solo fingían ser creyentes vinieran y los adoraran a ellos ante sus pies. Una vez más, la palabra griega para "adorar" que se usa aquí es la #4352, la misma palabra que Jesús usó cuando dijo adorar a Jehová en Mateo 4:10. Entonces, ¿qué quiso decir Jesús aquí?

(Apocalipsis 3:9)

Vayamos al Antiguo Testamento

Nabucodonosor, el rey de Babilonia, tuvo un sueño una noche, y ninguno de los suyos pudo entender el significado de ese sueño.

(Daniel 2:1-18)

Pero había un israelita llamado Daniel que estaba retenido en Babilonia. Dios le reveló a Daniel el significado del sueño de Nabucodonosor.

(Daniel 2:19-45)

Esto es lo que sucedió cuando Daniel le dijo a Nabucodonosor que Dios le había revelado el significado de su sueño:

"Nabucodonosor se postró sobre su rostro y adoró a Daniel".

Daniel 2:46

¿Nabucodonosor adoró a Daniel?

No, no lo hizo. ¿Cómo lo sé? Porque Daniel era un hombre bueno. Y Daniel no le dijo a Nabucodonosor: "No hagas eso, adora a Dios".

(Daniel 2:48)

Daniel dejó que Nabucodonosor hiciera lo que hizo porque Nabucodonosor no estaba adorando a Daniel. Estaba adorando al Dios de Daniel.

(Daniel 2:47)

Y cuando Jesús dijo que haría que ciertas personas vinieran a adorar a los pies de los creyentes de la iglesia de Filadelfia, Jesús no quiso decir que estarían adorando a los creyentes, sino que estarían adorando al Dios de los creyentes.

Los creyentes se paran frente a Dios, como los niños frente a sus padres amorosos.

¿Quién es el esposo del pueblo de Dios?

Jehová es el Esposo del pueblo de Dios

"Tu Creador es también tu Esposo".   – Isaías 54:5

"Estoy casado contigo".   – Jehová, Jeremías 3:14

"Rompieron mi pacto
a pesar de que yo era su Esposo".   – Jehová, Jeremías 31:32

"Llegará el día en que me llamarás Esposo.
Estaré casado contigo para siempre".   – Jehová, Oseas 2:16,19

Jesús es el Esposo del pueblo de Dios

El Salmo 45 es la descripción de un matrimonio. Está describiendo el matrimonio de Jesús con el pueblo de Dios. En el verso 6 Jehová llama a Jesús Dios. Luego los versos 8-17 hablan de la boda. Jesús es Dios, el Esposo.

Juan el Bautista llamó a Jesús el Esposo en Juan 3:29.

En 2 Corintios 11:2, el apóstol Pablo llamó a Jesús el Esposo del pueblo de Dios: "Te he prometido a un solo Esposo, a Cristo, para que seas una virgen sin mancha – espiritualmente – cuando te presente a Él".

En Apocalipsis 21:9 se le reveló al apóstol Juan que Jesús es el Esposo. "Ven aquí y te mostraré la novia, la esposa del Cordero". Jesús es el Cordero. La esposa es el pueblo de Dios.

Jesús se llamó a sí mismo el Esposo en Marcos 2:19-20.

Jesús es el Esposo que se casa con el pueblo de Dios en la historia que Jesús contó en Mateo 22:1-14. Y Jesús se llamó a sí mismo el Esposo del pueblo de Dios en la historia que contó en Mateo 25:1-13.

Solo Jesús puede decir que es el Esposo del pueblo de Dios.

Capítulo nueve

¿Es el Espíritu Santo una persona?

Los testigos de Jehová dicen que el Espíritu Santo no es una persona. Están equivocados. Dios nos ha dado la prueba para enseñarnos quién es el Espíritu Santo.

¿Es Jehová una persona?

Jesús dijo esto:

"Si alguien me ama, entonces demostrará que me ama. Demostrará su amor por Mí, en primer lugar, escuchando atentamente lo que digo. Apreciará mis palabras, las guardará y las protegerá.

Y me obedecerá, hará lo que yo le diga.

Jehová lo amará por hacer eso. Y porque hace eso, Jehová y Yo vendremos a él. Y haremos nuestro hogar en el corazón de esa persona".   - Jesús, Juan 14:23

Jesús dijo que Jehová y Él vivirán en los corazones de los creyentes. Eso es el Espíritu Santo. Pero los testigos de Jehová dicen que el Espíritu Santo no es una persona.

Así que lo que los testigos de Jehová están diciendo entonces es que Jehová no es una persona, y que Jesús no es una persona.

¿Es Jesús cero por ciento Dios?

Los testigos de Jehová enseñan que Jesús fue creado por Jehová. Ellos hacen que Jesús sea cero por ciento Dios. Pero Jesús dijo que Él y Jehová harán su hogar en los corazones de los creyentes.

Los testigos de Jehová quieren que creas que Jehová tomará a alguien con Él que es cero por ciento Dios, para vivir en los corazones de los creyentes. No hay tal cosa. Solo Dios puede vivir en los corazones de los creyentes. Eso significa que en Juan 14:23, Jesús dijo que Él es Dios.

¿Son cristianos los testigos de Jehová?
(Te lo diré en la página 102)

Esto es lo que escribió el apóstol Pablo

"Si alguien no tiene el Espíritu de Cristo,
entonces no es de Cristo".
Romanos 8:9

Esto es lo que escribió el apóstol Juan:

"Así es como sabemos que viviremos con Dios para siempre:
Lo sabemos porque Dios nos ha dado su Espíritu Santo.

Dios nos permite entender algo, y lo explicamos a los demás.
Es esto: Jehová envió a Jesús, y Jesús es el Salvador del mundo.

Si alguien está de acuerdo con nosotros en que Jesús es el propio Hijo de Dios, significa que Dios ha hecho su hogar en el corazón de esa persona, y esa persona vivirá para siempre".   1 Juan 4:13-15

¿Por qué los testigos de Jehová no aman a Jehová?

Jesús dijo esto:

"Jehová les dio muchas pruebas de que me envió. Pero ustedes nunca quisieron verlo. Nunca quisieron ver a Jehová.

Ustedes no tienen la Palabra de Jehová viviendo en sus corazones y mentes porque se niegan a creer en Aquel que Jehová envió.

Yo los conozco. Y sé que no aman a Jehová. Yo vine a ustedes en el nombre de Jehová y ustedes no quisieron recibirme.

Hay otro que vendrá a ustedes en su propio nombre, y lo recibirán".   - Jesús, Juan 5:37-38,42-43

Revisemos la evidencia

• El apóstol Juan escribió que Jehová hará su hogar en los corazones de los que están de acuerdo en que Jesús es el propio Hijo de Jehová.

• Los testigos de Jehová no están de acuerdo con eso, por lo que Jehová no hará su hogar en sus corazones.

• El apóstol Pablo escribió que los que no tienen el Espíritu de Cristo, el Espíritu Santo, no pertenecen a Cristo.

Los testigos de Jehová no tienen el Espíritu Santo. Y, además, los testigos de Jehová dicen que el Espíritu Santo ni siquiera es una persona. Por lo tanto, están rechazando a Jehová y a Jesús.

Jesús dijo que las personas que se niegan a creer que Él es el propio Hijo de Dios, lo hacen porque no aman a Jehová. Jesús dijo que no tienen la verdadera Palabra de Dios viviendo en ellos. Cuando Jesús dijo que recibirán a alguien más, estaba hablando del Anticristo.

¿Sabes lo que significa el nombre "Anticristo"? Significa "en lugar de Cristo". ¿Y sabes quién es el Anticristo? Es el diablo.

Los testigos de Jehová han rechazado a Jesús y han recibido al diablo. Los testigos de Jehová han rechazado el Espíritu Santo de Dios, y en su lugar han recibido el espíritu del Anticristo. Ellos no pertenecen a Cristo. Pertenecen al diablo.

Han rechazado la Palabra de Dios y han recibido una mentira. Por eso no reciben a Jesús. Ellos recibieron un Jesús falso en su lugar. Entonces, no, los testigos de Jehová no son cristianos. Son cristianos falsos, impostores.

¿Van al cielo los testigos de Jehová?

No, los testigos de Jehová no van al Cielo. ¿Quién soy yo para decir eso? Yo no lo he dicho. Jesús lo hizo. Jesús dijo que si una persona no ha recibido un segundo nacimiento por el Espíritu Santo, entonces nunca entrará al Cielo, y ni siquiera verá el Cielo.   (Ver Juan 3:1-8)

Los testigos de Jehová no pueden ir al Cielo. Ellos no han nacido de nuevo. Están cometiendo el mismo pecado que los escribas y fariseos, y otros que también hablaron mal y rechazaron al Espíritu Santo de Dios.
          (Mateo 12:24-34; Marcos 3:21-30; Lucas 11:14-15)

¿Es el Espíritu Santo una persona?

La noche antes de ser crucificado, Jesús se reunió con sus apóstoles. Tenía mucho que enseñarles en sus últimas horas juntos. Él sabía que iba a morir, a resucitar de la muerte y a volver al Cielo.

Por eso, Jesús quería hacerles saber a los apóstoles que no los abandonaba, que estaría con ellos.

Jesús dijo a los apóstoles:

"Si me aman, me obedecerán. Entonces Jehová y Yo tendremos una pequeña charla sobre ustedes. Y después de que regrese al Cielo, entonces Él les dará otro Consolador que nunca tendrá que dejarlos.

Ahora los estoy enviando lejos. Pero no estarán solos. Yo vendré a ustedes".

- Jesús, Juan 14:15-16,18

Jesús es el "otro Consolador". Jesús dijo: "Volveré a ustedes". Primero, Jesús vino a ellos en un <u>cuerpo humano</u>. Pero ahora que Jesús cumplió lo que había venido a hacer, era hora de irse para regresar al Cielo. Pero Jesús volverá a los apóstoles, y a todos los creyentes, de una manera que nunca tendrá que irse.

Jesús viene a nosotros como el eterno Espíritu Santo de Dios. Jesús es una persona, así que el Espíritu Santo es una persona.

Jesús es el Espíritu Santo:

"El Señor (Jesús) es el Espíritu".   2 Corintios 3:17

Jehová es el Espíritu Santo:

El apóstol Pedro acusó a un hombre llamado Ananías de mentir al Espíritu Santo (Hechos 5:3). Y en el siguiente versículo, Pedro le dijo a Ananías que había mentido a Dios (Hechos 5:4).

El Espíritu Santo tiene sentimientos

"El pueblo de Jehová se rebeló contra Él e hizo doler el corazón de su Espíritu Santo. Hicieron de Jehová su enemigo, y Él luchó contra ellos".

Isaías 63:10

El rey David escribió esto a Jehová:

"No hay lugar al que pueda ir para esconderme de tu Espíritu; no hay ningún lugar al que pueda ir para huir de tu presencia".

Salmos 139:7

¿Por qué los testigos de Jehová no pueden entender?

Jesús expresó:

"Si alguien se aferra fuertemente a mis palabras y nunca las suelta, y obedece lo que digo, entonces esa es la persona que me ama. Y si alguien me ama, entonces Jehová lo amará. Y yo los amaré, y dejaré que me vean".   - Jesús, Juan 14:21

Cuando Jesús dice que dejará que los que lo aman lo vean, Jesús quiere decir que dejará que lo entiendan, como un amigo cercano. Verán a Jesús claramente. Y es un tipo de visión que nadie puede hacer por sí mismo. Es un tipo de comprensión que nadie puede conseguir por sí mismo.   (Ver Juan 15:14)

Los únicos que pueden ver a Jesús de esa manera son los que Jesús permite que lo vean de esa manera. Y Jesús solo deja que quienes lo aman lo vean de esa manera.

Eso significa que los testigos de Jehová están mirando desde afuera. Ellos odian a Jesús. Van por ahí diciendo mentiras sobre Él. Entonces, Jesús no vendrá a ellos como el Espíritu Santo. Y ellos nunca entenderán a Jesús. Él no los dejará. Los testigos de Jehová no pueden ver a Jesús.

El Antiguo Testamento dice:

"Si no hablan de la Palabra de Dios es porque no hay luz en ellos".   Isaías 8:20

Los testigos de Jehová no hablan de la Palabra de Dios. Hablan de mentiras. Rechazan a Jesús, la Luz del mundo, y rechazan su Espíritu Santo. No hay luz en los testigos de Jehová.   (Ver Juan 8:12)

¿Quién dice que Jesús está maldito?

El apóstol Pablo escribió:

"Nadie que haya recibido un nuevo nacimiento por el Espíritu Santo de Dios iría por ahí diciendo que Jesús está maldito.

Y nadie puede llamar a Jesús su Señor si no ha recibido un nuevo nacimiento por el Espíritu Santo de Dios".   1 Corintios 12:3

La versión de King James dice que nadie que hable por el Espíritu Santo de Dios llamaría a Jesús "maldito". En lugar de "maldito" diré que los testigos de Jehová llaman a Jesús "el diablo", como hicieron los otros enemigos de Jesús. Esos otros enemigos llamaron a Jesús "el diablo", y llamaron al Espíritu Santo de Dios "el diablo" cuando dijeron que Jesús hacía milagros por el poder del diablo.

(Marcos 3:22)

Los testigos de Jehová dicen que Jesús fue creado por Jehová. Fue un ser creado llamado Lucifer quien quiso sentarse en el trono de Dios. Lucifer se convirtió en el diablo. El Jesús de los testigos de Jehová es el diablo. (Ver Isaías 14:12-17; Ezequiel 28:11-19)

Los testigos de Jehová quieren poner a un ser creado donde solo Dios puede sentarse. Llaman a Jesús demonio, o maldito, o como quieras decirlo. Y lo hacen porque rechazan al Espíritu Santo de Dios diciendo que su Espíritu Santo no es una persona. (Mateo 22:44; 26:64)

> El apóstol Pablo escribió que aquellos que no tienen el Espíritu Santo no pueden llamar a Jesús su Señor. Los testigos de Jehová nunca llamarán a Jesús su Señor porque no tienen el Espíritu Santo. Por lo tanto, los testigos de Jehová están condenados.   (1 Corintios 12:3)

¿Quién entiende?

El apóstol Juan escribió:

"Se te ha dado un aceite especial del Santo. Por eso entiendes estas cosas ".   1 Juan 2:20

Ese aceite especial es el Espíritu Santo de Dios. Nunca conocerás a Dios a menos de que Él te dé ese aceite especial.

¿Quién no puede ser engañado por los testigos de Jehová?

"He escrito esta carta para advertirte sobre las personas que están tratando de alejarte de Jesús.

Pero el aceite especial que Él te dio vive dentro de ti, así que no necesitas que la gente te enseñe".   1 Juan 2: 26-27

(Ver Juan 6:45)

Los maestros humanos son buenos. El punto que Juan está haciendo es que cuando Dios te da su Espíritu Santo, Dios se convierte en tu maestro y no te vas a dejar engañar por personas como los testigos de Jehová. No pueden alejarte de Jesús.

(Vea Efesios 4: 11-13)

¿Cómo pruebas a los testigos de Jehová?

El apóstol Juan escribió:

"Les escribo esto a ustedes que son queridos por el corazón de Dios. Necesito decirles algo urgentemente importante. Es esto: alguien podría afirmar que está enseñando verdades de la Biblia, pero puede que no tenga el Espíritu Santo de Dios. Por lo tanto, no crean lo que les dice todo maestro de la Biblia.

Tienen que probar lo que enseñan. Sus enseñanzas pueden ser de Dios. O pueden ser de espíritus malignos y del diablo. Tengo que decirles esto porque hay mucha gente que está enseñando mentiras y afirmando que esas mentiras son las verdaderas enseñanzas de Dios.

Así es como pueden saber si un maestro tiene el Espíritu Santo de Dios: si enseñan que Jehová, nuestro Salvador, vino y vivió en un cuerpo humano, entonces ese maestro es de Dios.

Y si no enseñan que Jehová, nuestro Salvador, vino y vivió en un cuerpo humano, entonces ese maestro no es de Dios, tiene el espíritu del Anticristo.

Han escuchado de mí y de otros maestros cristianos que vendría el espíritu del Anticristo, y ya está aquí".

El nombre "Jesús" significa "Jehová nuestro Salvador". Jesús es Jehová nuestro Salvador. Juan nos advierte que hay personas que se están presentando como maestros de la Biblia y que afirman estar enseñando la verdad de la Biblia. Pero no enseñan que Jesús es Jehová nuestro Salvador, que vino del Cielo y vivió en un cuerpo humano.

Enseñan que Jesús es otra persona. Enseñan que Jesús fue creado por Jehová, o que Jesús es el arcángel Miguel. Enseñan que Jesús es cero por ciento Dios.

Juan no está diciendo que aquellos que sí enseñan que Jehová vivió en un cuerpo humano nunca cometan errores. Jesús fue la única persona perfecta. Y sí, puede haber maestros que digan las palabras "Jehová nuestro Salvador vino y vivió en un cuerpo de carne", pero son falsos maestros porque realmente no lo creen.

> Juan está haciendo hincapié en las personas que han cruzado cierta línea y eso los convierte en siervos del diablo.

El Anticristo aún no ha llegado. Eso sucederá más tarde. El diablo es poderoso, y su espíritu maligno, el espíritu del Anticristo, está trabajando en el mundo ahora para alejar a la gente de Jesús.

(1 Juan 2:18)

¿Cómo tratas con los testigos de Jehová?

El apóstol Juan nos dijo qué hacer:

"Hay personas que se presentan como si fueran grandes maestros de la Biblia. Pero no tienen a Jehová.

Lo que fluye por sus venas es algo muy diferente a las verdaderas enseñanzas acerca de Jesús que tú recibiste del mismo Jesús y de sus apóstoles.

Pero los maestros de la Biblia que sí tienen las verdaderas enseñanzas acerca de Jesús fluyendo por sus venas, sí tienen a Jehová, porque tienen tanto a Jehová como a Jesús.

Ahora bien, si alguno de esos supuestos maestros de la Biblia viene a ti, aquellos que no tienen a Jesús ni a Jehová, entonces no lo recibas en tu casa. Y no les digas: 'Sean felices'.

Porque si les dices: 'Sean felices', te conviertes en socio de ellos en su mortífero trabajo".   2 Juan 1: 9-11

Capítulo diez

Conclusión

¿Puedes ser engañado por la lógica <u>artificial</u> de los testigos de Jehová?

En su página web, JW.org, los testigos de Jehová apelan a la lógica. <u>Dicen</u> que la lógica sugiere que Jesús <u>no puede</u> ser <u>ambos</u>, Dios <u>y</u> el Hijo de Dios.

Los testigos de Jehová tienen un montón de folletos llenos de argumentos que <u>suenan</u> convincentes. Te dicen que la idea de "la trinidad" viene de religiones paganas, y te muestran una imagen de lo que parece un dios de tres cabezas.

Tienen razón. Hay una falsa trinidad pagana. Entonces, la gente podría decir: "Oye, esos testigos de Jehová son muy inteligentes". Sí, los testigos de Jehová te han presentado una verdad. ¿Pero por qué? Porque ahora te han ganado, te han convencido de que son verdaderos maestros. Has mordido el anzuelo. Y ahora pueden engañarte.

¿Cómo lo hacen? Trabajando con la verdad que te dieron. Ahora dan el siguiente paso. Concluyen que como los paganos tienen una falsa trinidad, entonces solo Jehová puede ser Dios y, por lo tanto, Jesús <u>no</u> <u>puede</u> ser Dios, <u>y</u> el Espíritu Santo <u>no</u> es una persona.

Lo que los testigos de Jehová están usando para engañar a la gente es una lógica <u>artificial</u>. Supongamos que estás parado a cierta distancia de flores artificiales. Parecen ser flores reales. No puedes decir que son artificiales hasta que las miras de cerca y las tocas. Entonces ves que no hay vida en ellas, están muertas.

La lógica de los testigos de Jehová es de plástico. Está hecha por el hombre. Solo tiene la apariencia de ser real, pero no es real. Es falsa. ¿Por qué es así? Porque Jesús es "el Logos" (el original griego para "la Palabra" en Juan 1:1). El Logos es la lógica. Jesús es la lógica. Y la lógica es la <u>verdad</u>. No se puede tener lógica sin verdad. La verdad se encuentra en la Santa Biblia. La verdad que se encuentra en la Biblia es que Jesús <u>es</u> tanto Dios como el Hijo de Dios.

¿Qué le están robando los testigos de Jehová a Dios?

Los testigos de Jehová le están robando a Dios.

- Están robando el <u>amor</u> de Dios.

Le están quitando a Dios el gran amor que Él siente por cada persona. ¿Cómo lo hacen? Lo hacen enseñando que algún ser creado, alguna cosa, murió en la cruz. No, no fue algún fenómeno de la naturaleza creado por los testigos de Jehová el que murió en la cruz.

<u>Dios</u> hizo eso por nosotros. No se lo quites. Dios se lleva toda la gloria, todo el crédito. Le estás robando la gloria a Dios y el amor que Él siente por nosotros. Dios amó tanto al mundo que dio a su Hijo. Dios hizo eso. Él lo hizo. Dios no envió a un ángel o a un monstruo de Frankenstein para que muriera en la cruz.

(Juan 3:16; 1 Juan 4:9-10)

Conoce a Dios

Te mostré cómo el significado de las palabras en la Biblia puede cambiar dependiendo de su contexto. Eso deja mucho espacio para que los engañadores hagan su trabajo: los engañadores explotan el contexto. Tenemos que cultivar nuestra relación con Dios mediante el estudio de la Biblia. Depende de nosotros conocer a nuestra Guía para poder mantenernos en el camino correcto y conocer a Dios.

Disfruta estos:

"Ellos no tienen ninguna razón para odiarme. No merezco su odio".

Jesús, Juan 15:25

"Aquí está la verdad: Yo honro a Jehová, y tú me deshonras".

Jesús, Juan 8:49

"Jehová quiere que todos honren a su Hijo de la misma manera que lo honran a Él. Cualquiera que no honra al Hijo, no honra a Jehová, el que envió al Hijo".

Jesús, Juan 5:23

"Cualquiera que me despoje de mi rango, despoja a Jehová de su rango".

- Jesús, Lucas 10:16

¿Puedes ver la gloria de Dios en el rostro de Jesús?

El apóstol Pablo escribió esto:

"Si el Evangelio se ha ocultado, se ha ocultado a los que se pierden porque no creen.

Y porque no creen, entonces han dejado que el dios de este mundo ciegue sus mentes, para que el glorioso Evangelio de Cristo —que es la imagen exacta de Dios— no sea entendido por ellos.

Yo, Pablo, soy tu servidor. Te sirvo por Jesús. No me predico a mí mismo. Predico a Cristo Jesús como Señor.

Porque Dios, quien en Génesis ordenó que la luz brillara en las tinieblas, ha brillado en nuestros corazones, para darnos la luz de la gloria de Dios en el rostro de Jesucristo".

2 Corintios 4:3-6

¿Quién es "el dios de este mundo"? Es el diablo. ¿Ves lo qué pasó? Los testigos de Jehová llamaron a Jesús "un dios". Pero el dios al que los testigos de Jehová están sirviendo es el diablo.

> No puedes confiar en los maestros de la Biblia que no tienen el Espíritu Santo.

Los verdaderos creyentes adoran a Jesús como Señor. Y Dios nos recompensa descubriendo nuestras mentes, y haciendo brillar su luz en nuestros corazones, para que cuando veamos el rostro de Jesús sepamos que estamos viendo la gloria de Dios.

(Ver Juan 1:18; 2:11; 6:45-48; Colosenses 2:3; Hebreos 1:3)

> "Jesús es una imagen exacta de Dios". - 2 Corintios 4:4

"Ustedes son de Dios, hijitos. Y han vencido a los falsos maestros que tienen el espíritu del Anticristo porque Jehová vive en ustedes. Y Jehová es más grande que el espíritu del Anticristo que vive en el mundo".

1 Juan 4:4

¿Cuáles son las últimas palabras de la Biblia?

El último verso de la Biblia es este:

"Que la gracia de nuestro Señor Jesús sea con todos ustedes que creen".

Apocalipsis 22:21

El último verso de la Biblia es sobre el Señor Jesús. ¿Terminaría Dios la Biblia con un verso sobre el arcángel Miguel, o algún otro ser creado? No, por supuesto que no. Dios terminó la Biblia con un verso sobre el Señor Jesús.

Y dice: "la gracia de nuestro Señor Jesús". Esa es la gracia de Dios, no la gracia de Miguel o de cualquier otro ser creado.

La gracia es el regalo que Dios da a su pueblo. Solo Dios da esa gracia que salva el alma de una persona. Efesios 2:8 dice que somos salvos por la gracia de Dios, y que la gracia es un regalo que Dios nos da.

Puedes leer sobre la gracia de nuestro Señor Jesús en Salmos 45:2, y la gracia de Jehová en Génesis 39:21. Es la misma gracia.

"Yo soy el Camino, la Verdad y la Vida".

- Jesús, Juan 14:6

¿Cambiarán de opinión ahora los testigos de Jehová?

Entonces, tras leer este libro, ahora los testigos de Jehová deberían cambiar de opinión, ¿verdad? No es así. ¿Por qué no? Bueno, una de las razones es que no van a leer este libro.

Las sectas inculcan el <u>miedo</u> en su gente. Gobiernan a su gente con un puño de hierro. Las personas en las sectas tienen miedo de pensar por sí mismas. Porque si lo hacen, entonces serán sometidas a la amargura y al ridículo.

Conozco a una mujer que tiene alrededor de setenta años. Tiene el discernimiento de un bebé. El inglés no es su primera lengua. Se ha convertido en una víctima de los testigos de Jehová.

En un momento dado la convencí de que tirara todos sus libros de los testigos de Jehová. Pero los testigos de Jehová la persiguieron sin descanso. Se aprovecharon de su debilidad, de su soledad y de su miedo a ellos. Se colaban en su edificio y llamaban a su puerta.

De hecho, una vez estuve con esta mujer en su departamento cuando dos testigos de Jehová se presentaron sin previo aviso. Cuando le dije a la mujer que no debería haberlos dejado entrar en su departamento, los testigos de Jehová se enfadaron. Me espetaron: "¿Eres su marido?".

Los miembros de las sectas son crueles y despiadados, lobos con piel de cordero. No tienen compasión, ni misericordia. Los testigos de Jehová consiguieron que la mujer volviera a sus garras. No les importa que ella ni siquiera entienda lo que son los testigos de Jehová. Ella es solo un número más para ellos.

Más tarde le ofrecí a la mujer un ejemplar de mi libro, "Momentos AHA de la Biblia". Pero ella se negó a aceptarlo. Por supuesto que no. Pensar por ti mismo está prohibido en las sectas.

Si sigues a un hombre o a una secta, los preferirás a <u>ellos</u> antes que a Dios. Elegirás <u>su</u> influencia en lugar del Espíritu Santo. Te enseñarán hombres en lugar de Dios y estarás nadando en mentiras.

¿Quién recibe la gloria?

Toda la gloria es para Dios. Doy gracias a Dios por haberme dado su
Palabra y su Espíritu Santo. Soy un sucio pecador, pero Dios me sacó
de la cloaca y me dio un ministerio. Y ahora, todo lo que quiero hacer
es trabajar para Él y usar lo que me da para mostrar a la gente su
Palabra, la Biblia.

¿Sabes cuánto te aprecio?

Y doy gracias a Dios por haberme dado los pocos compañeros
cristianos que aprecian mi ministerio. Cuando estudio la Biblia siempre
estoy pensando en ustedes, buscando cosas que pueda compartir con
ustedes, y esperando alimentarlos con la Palabra de Dios, porque
ustedes son los que aman la Palabra. Ustedes saben quiénes son.

He disfrutado mucho escribiendo este libro para ti. Me llevó a una gran
aventura de estudio de la Biblia. Ese es mi lugar feliz. Lo único que he
disfrutado más que el estudio de la Biblia por mí mismo ha sido estar
en la Palabra con la gente en la esquina. Agradezco a todos los que
amaron estar en la Palabra conmigo en la esquina de la calle.

"¿Cómo aprendemos lo que es el verdadero amor? Jesús nos mostró lo
que es el verdadero amor cuando dio su vida por nosotros. Nosotros
le debemos a Jesús hacer lo mismo, entregando nuestra vida por
nuestros hermanos".   1 Juan 3:16

Estimado lector: Por favor, hazme saber a qué conclusión has llegado.
Bruce Benson   heartwishbooks@gmail.com

¿Quién es el Número Uno?

Jesús lo es. Jesús es el más grande. Jesús es el Número Uno.

"Yo soy la Verdad" - Jesús, Juan 14:6

"Cuando el Espíritu de la Verdad venga
Él los guiará a toda la verdad".
                        - Jesús, Juan 16:13

www.ingramcontent.com/pod-product-compliance
Lightning Source LLC
Chambersburg PA
CBHW020552030426
42337CB00013B/1060